MINHAS ÚLTIMAS PALAVRAS

BILLY GRAHAM

MINHAS ÚLTIMAS PALAVRAS

Editora Vida
Rua Conde de Sarzedas, 246 — Liberdade
CEP 01512-070 — São Paulo, SP
Tel.: 0 xx 11 2618 7000
atendimento@editoravida.com.br
www.editoravida.com.br
@editora_vida /editoravida

Editor responsável: Gisele Romão da Cruz
Tradução: Lucília Marques
Revisão de tradução: Andrea Filatro
Revisão de provas: Josemar de Souza Pinto
Diagramação: Jônatas Jacob
Capa: Arte Vida

MINHAS ÚLTIMAS PALAVRAS
©2013, por Billy Graham
Título original: *The Last Words*
Copyright da edição brasileira ©2013,
Editora Vida Edição publicada com permissão de
CHRISTIANITY TODAY (Carol Stream, Illinois, EUA)

Todos os direitos desta edição em língua portuguesa são reservados e protegidos por Editora Vida pela Lei 9.610, de 19/02/1998.

É proibida a reprodução desta obra por quaisquer meios (físicos, eletrônicos ou digitais), salvo em breves citações, com indicação da fonte.

■

Exceto em caso de indicação em contrário, todas as citações bíblicas foram extraídas da *Nova Versão Internacional* (NVI)
© 1993, 2000, 2011 by International Bible Society, edição publicada por Editora Vida.
Todos os direitos reservados.

Todas as citações bíblicas e de terceiros foram adaptadas segundo o Acordo Ortográfico da Língua Portuguesa, assinado em 1990, em vigor desde janeiro de 2009.

■

As opiniões expressas nesta obra refletem o ponto de vista de seus autores e não são necessariamente equivalentes às da Editora Vida ou de sua equipe editorial.

Os nomes das pessoas citadas na obra foram alterados nos casos em que poderia surgir alguma situação embaraçosa.

Todos os grifos são do autor, exceto os indicados.

1. edição: fev. 2018
1ª reimp.: jun. 2018
2ª reimp.: nov. 2021
3ª reimp.: maio 2023
4ª reimp.: maio 2025

Dados Internacionais de Catalogação na Publicação (CIP)
(Câmara Brasileira do Livro, SP, Brasil)

Graham, Billy
  Minhas últimas palavras / Billy Graham ; [tradução Lucília Marques]. -- São Paulo : Editora Vida, 2018.

  Título original: *The Last Words*.
  ISBN 978-85-383-0284-1

  1. Evangelizadores — Estados Unidos — Autobiografia 2. Graham, Billy, 1918-2018 I. Título.

13-04715   CDD-269.2092

Índice para catálogo sistemático:

1. Estados Unidos : Evangelizadores : Autobiografia 269.2092

Certo dia, em Madras, um estudante hindu me disse:
"Eu me tornarei um cristão no dia em que encontrar um de verdade."
E, quando me disse aquilo, ele estava olhando para mim.
Esse foi um dos maiores sermões que alguém já pregou para mim.

— Billy Graham

SUMÁRIO

Prólogo — Sete coisas que aprendi com Billy Graham.....9
Rick Warren

Introdução — O pastor da América vai para casa........21

Parte I — Quando Deus chamar, não demore

1. O que significa ser "nascido de novo"..............29
2. Como posso saber se estou salvo?..................33
3. Precisamos do amor de Deus........................41
4. O crescimento cristão..............................45

Parte II — O evangelho é precioso e poderoso

5. O livro que nos dá vida............................53
6. Como Cristo nos liberta e nos une..................55
7. Reacendendo a nossa paixão pelos perdidos..........59
8. O evangelho revolucionário.........................63
9. A importância crucial do evangelismo...............71
10. Por que a palavra é tão importante?...............85
11. Maximizando a mensagem e o método.................93

Parte III — Cuidado com as armadilhas

12. Cuidado com as grandes ilusões...................103
13. Quando a tolerância se torna um pecado...........109
14. Combatendo o flagelo do racismo..................115

Parte IV — O meu desafio ao povo de Deus

15. Escolham líderes que confiem em Deus.............119
16. O evangelismo deve vir em primeiro lugar.........127

17. Façam a colheita 137
18. Cinco passos para um futuro glorioso 143

Parte V — Reflexões pessoais

19. Por que fundei a revista *Christianity Today* 149
20. A minha opinião sobre o evangelicalismo nos dias atuais. . 157
21. O meu papel durante a crise de Watergate 165
22. O que eu teria feito diferente 173

Parte VI — O legado de Billy Graham

23. Uma vida de devoção 177
    John N. Akers
24. O herói dos evangélicos 181
    Philip Yancey
25. A humildade da grandeza 185
    John R. W. Stott
26. O defensor mundial do evangelho puro 189
    J. I. Packer
27. Graham, o construtor de pontes 193
    Richard John Neuhaus
28. Evitando as armadilhas da fama 197
    William Martin
29. Crescendo como uma "Graham" 205
    Ruth Graham
30. Uma amizade improvável 207
    Tony Carnes
31. O evangelista do nosso tempo 215
    Editores da Christianity Today

PRÓLOGO

SETE COISAS QUE APRENDI COM BILLY GRAHAM

Rick Warren

Billy Graham se foi. O poderoso homem de Deus descansa agora nos braços de seu amado Redentor. Contudo, esse evangelista, conselheiro de líderes mundiais e inabalável farol de integridade e estabilidade, deixou pegadas profundas, que permanecerão vívidas aos olhos do mundo inteiro, por gerações e gerações. Essas pegadas me guiaram ao longo de todo o meu ministério, e ainda as sigo. A influência que Billy Graham teve na minha vida é incalculável. Tenho aqui o privilégio de compartilhar com os leitores algumas formas pelas quais esse grande homem me influenciou pessoalmente. Ele me ensinou sete lições vitais que têm muito que ver com o modo pelo qual a minha vida e o meu ministério se desenvolveram. Creio que essas lições ajudarão a revelar o segredo que fez de Billy Graham o que ele representou para o mundo.

Lição 1: Mantenha um estilo de vida íntegro e humilde

A primeira coisa que Billy Graham me ensinou foi a *ter um estilo de vida que Deus possa abençoar*. Ele nunca permitiu que seu caráter fosse manchado pelas indignidades que provocaram a queda de tantos outros pastores, ministros e evangelistas. Existem três problemas comuns que geralmente causam a ruína dos líderes. São as três tentações de Jesus, as três tentações encontradas em Gênesis e as três tentações de Moisés citadas em Hebreus 11. Mas o lugar onde elas são mais bem descritas é em 1João 2.16, onde são identificadas como a cobiça da carne, a cobiça dos olhos e a ostentação dos bens. A cobiça da carne é a tentação de se sentir bem. E, a propósito, essa expressão significa mais que simplesmente sexo. Envolve qualquer tentação que leve uma pessoa a dizer: "Eu mereço isso; eu mereço me sentir bem". A cobiça dos olhos é a tentação de "ter": isso é avareza.

E existe uma terceira tentação, a ostentação dos bens, ou a soberba da vida, que é a tentação de ser reconhecido como uma pessoa importante, realizada ou superior aos outros. Quando me perguntam "O que podemos pedir a Deus, quando orarmos pelo senhor?", sempre respondo: "Peça estas três coisas — integridade, generosidade e humildade — porque esses são os antídotos para essas três tentações".

Quando eu era pequeno, a minha avó morava conosco. Ela era contribuinte mensal de Billy Graham, e por isso recebia um exemplar da revista *Decisão* todo mês. Já naquela idade, eu lia a revista e ouvia no rádio o programa de Billy Graham, *A Hora da Decisão*.

Lembro-me de que a minha avó me dizia: "Eu oro por duas pessoas todos os dias. Oro por Billy Graham e por você". Ela orava por mim porque queria que eu fosse pastor ou ministro. Hoje, não tenho dúvidas de que suas orações e o fato de Billy Graham estar na nossa casa mensalmente, através da revista, e semanalmente, pelo rádio, influenciaram muito a direção que a minha vida tomou.

À medida que amadureci, comecei a entender o empenho solene de Billy Graham para manter puro seu caráter — um compromisso que muitas pessoas parecem não assumir. Quando eu ainda era um jovem pastor, entendi por que ele e sua equipe firmaram o Pacto de Modesto para garantir a integridade de seu ministério. Mais tarde, quando fundei a Igreja de Saddleback, a minha equipe firmou pactos semelhantes. Temos uma coisa chamada de Os Dez Mandamentos da Equipe de Saddleback, que é baseada na ideia que Billy Graham teve ao firmar o Pacto de Modesto com seus colaboradores. No que me dizia respeito, não havia outra opção.

Declarei a minha equipe: "Vamos fazer isso". E fizemos. Por exemplo, nós nos comprometemos a nunca ficar sozinhos com uma mulher que não fosse a nossa esposa numa sala com a porta fechada. E, em vinte e sete anos em Saddleback, nunca quebrei essa promessa. Muitas pessoas dizem: "Você está sendo meio legalista, não está?". E eu sempre respondo: "É melhor ser exagerado que execrado".

Billy Graham viveu esse compromisso de integridade e humildade. Manteve um estilo de vida humilde diante de Deus, apesar de sua imensa fama e sucesso. Tinha uma casa simples nas montanhas, recebia um salário, em vez de lucros, e evitava os excessos que todos nós detestamos ver nos muitos evangelistas que pregam o evangelho da prosperidade. O compromisso com a integridade é uma lição crucial para todo ministro do evangelho. E o motivo pelo qual afirmo que isso é importante é que Deus não abençoa métodos; ele abençoa pessoas. Como dizia E. M. Bounds, "os homens são o método de Deus".

Esta foi a primeira coisa que Billy Graham me ensinou: cuide do seu caráter, porque, se a oportunidade certa aparecer, você pode cair. "Assim, aquele que julga estar firme, cuide-se para que não caia!" (1Coríntios 10.12). No momento em que você achar que consegue resistir à tentação, estará vulnerável a ela. Por isso, adotei vários dos procedimentos que ele seguia para manter-se a uma distância segura das tentações mais comuns que os ministros de Deus enfrentam.

Lição 2: Não se limite às fronteiras evangélicas

A segunda lição que Billy Graham me ensinou foi *a estratégia de alcançar os que estão fora das fronteiras evangélicas*. E ele era especialista nisso. Para conseguir levar o evangelho ao maior número possível de pessoas, ele fez amizades, construiu pontes e costurou alianças que muitas vezes desagradaram aos que estavam dentro das fronteiras evangélicas. Mas ele não se importava com isso. Convidava católicos e políticos para subirem ao palanque com ele, mesmo sabendo que seria criticado.

Tudo o que ele fez na vida tinha um único foco. Se alguma vez existiu um evangelista com propósito, esse homem foi Billy Graham. Ele nunca perdeu o foco. Seu propósito era sempre o mesmo: Levar pessoas a Cristo. Levar pessoas a Cristo. Levar pessoas a Cristo. E essa também é a expressão número um no meu vocabulário. Não estou nisso pela política; não estou nisso pela fama; não estou querendo subir nenhum degrau. O objetivo final de tudo o que fazemos em Saddleback é tornar mais fácil a tarefa de levar pessoas a Jesus. É essa meta que nos leva a construir pontes para alcançar os muçulmanos, os judeus e a comunidade homossexual. Você constrói pontes para chegar a pessoas que nem sequer gostam de você. Você constrói pontes de amizade entre o seu coração e o coração dessas pessoas para que Jesus possa entrar na vida delas.

Há pouco tempo, fiz uma palestra na Conferência Bienal do Judaísmo Reformado. O judaísmo reformado está para os judeus ortodoxos assim como os episcopais estão para os evangélicos. Eles são "esquerdistas". Acho que fui o primeiro pastor protestante que eles convidaram para falar naquela convenção. Muitos evangélicos torceram o nariz, achando que eu tinha ido longe demais. Mas realmente não me importei com as críticas, porque Paulo diz: "Tornei-me judeu para os judeus, a fim de ganhar os judeus. Para os que estão debaixo da Lei, tornei-me como se estivesse sujeito à Lei (embora eu mesmo não esteja debaixo da Lei), a fim de ganhar os que estão debaixo da Lei. [...] Para com os fracos tornei-me fraco, para ganhar os fracos. Tornei-me tudo para com todos, para de alguma forma salvar alguns" (1Coríntios 9.20-22).

Billy Graham viveu esse princípio com perfeição. Nós o usamos para construir Saddleback e agora o estamos aplicando para alcançar grandes grupos de pessoas ao redor do mundo — como 1 bilhão de muçulmanos. Portanto, buscar os que estão fora das fronteiras evangélicas foi uma lição-chave que Billy Graham me ensinou.

Lição 3: Amplie seus horizontes de atuação

A terceira coisa que aprendi com Billy Graham foi *ampliar os meus horizontes de atuação*. Embora fosse fundamentalmente um evangelista, ele percebeu que era preciso ensinar o evangelho integral. Em muitos aspectos, Graham foi um pioneiro. Muito antes que as igrejas estivessem prontas para a integração racial, ele integrou suas cruzadas. Isso é ampliar horizontes.

O grande mal daquela geração era a segregação, e ele atacou o problema. Ao ampliar seus horizontes, ele fez coisas como o movimento de Lausanne e a criação da revista *Christianity Today*; precisávamos de uma alternativa acadêmica e respeitável à revista *Christian Century*.

Ele era primordialmente um evangelista, mas usava sua enorme influência para dizer que a igreja devia cuidar de outros assuntos além do evangelismo. A AEBG publicou certa vez um documento que retrata basicamente a consciência social de Billy Graham. O documento traz diversos exemplos de coisas que ele fez durante a guerra fria, durante a segregação racial e durante o surgimento de outros problemas com os quais ele sentiu que a igreja deveria envolver-se.

A minha admiração pela insistência de Billy Graham com respeito à ampliação dos horizontes de seu ministério era tão grande que influenciou grandemente o meu modo de agir em Saddleback. Temos diversificado as nossas áreas de atuação para enfrentar os cinco gigantes mundiais: pobreza, doença, analfabetismo, corrupção na liderança e vazio espiritual. Assim como Billy Graham, acreditamos firmemente na primazia do evangelismo. E, como ele, somos loucos o bastante para atacar outros problemas, demonstrando na prática o amor cristão a um mundo ferido e confuso.

Lição 4: Adote uma visão global

A quarta lição que Billy Graham me ensinou foi *adotar uma visão global*. Ele não era apenas um evangelista voltado para os Estados Unidos. Ele se importava com o mundo inteiro.

Lembro-me de quando "Amsterdã '86" — o segundo Congresso de Evangelistas Itinerantes — estava prestes acontecer. Quando eu estava na universidade, escrevi um livro intitulado *Doze maneiras de estudar a Bíblia sozinho*, que foi publicado em cerca de 16 ou 17 línguas. Imagine só como fiquei perplexo quando Billy me ligou um dia e disse: "Quero que você ensine isso a 10 mil evangelistas". É claro que concordei, e então ele comprou 10 mil exemplares para entregar gratuitamente a cada um dos evangelistas presentes à conferência. Foi uma experiência e tanto para um garoto ainda na casa dos 20 anos: ser convidado por Billy Graham para ensinar evangelistas do mundo inteiro a estudarem a Bíblia. Muitos daqueles homens eram pregadores itinerantes, plantadores de igrejas ou evangelistas que andavam de vilarejo em vilarejo, pregando a Palavra.

A lição mais impressionante que aprendi com aquele episódio foi que um homem com o poder, a visão e a influência de Billy Graham podia ter tido uma carreira tranquila pregando Cristo em seu próprio país. Mas sua preocupação com a necessidade de um bom ensino bíblico no mundo todo mostra que ele tinha uma visão muito mais ampla. Billy não estava disposto a manter o evangelho confinado no seu próprio quintal; ele usou sua influência para espalhar as boas-novas ao redor do Globo, e fez isso em suas cruzadas, conferências, reuniões com líderes mundiais e eventos como Amsterdã '86.

Lição 5: tenha um único foco

A quinta lição que aprendi com Billy Graham foi *ter um único foco e não se desviar dele*. O foco de Billy estava sempre fixo em levar pessoas a Cristo. Lembro-me de quando ele recebeu a Medalha de Ouro do Congresso, na rotunda do Capitólio. Havia cerca de 400 lugares, todos ocupados por convidados VIP de todas as partes dos Estados Unidos e do mundo. O presidente Clinton e os líderes da Câmara e do Senado discursaram enaltecendo a vida e as realizações de Billy Graham. E o que Billy fez quando chegou sua vez de se dirigir à plateia? Em vez de falar sobre seu longo ministério e narrar alguns fatos marcantes de sua vida, ele gastou talvez uns três minutos agradecendo aquela homenagem e dizendo quanto não era merecedor de recebê-la. Em seguida, disse: "Permitam-me falar-lhes a respeito de Jesus". No restante de seu discurso, ele fez a mesma exposição simples do plano da salvação que todos nós já tínhamos ouvido inúmeras vezes. Ele não perderia uma oportunidade daquelas. Embora toda aquela cerimônia fosse para ele, Billy fez que a primazia fosse dada ao foco central de sua vida: Jesus.

E Deus honrou aquele foco único. Lembro-me de ter estado sentado ali, na rotunda do Capitólio, com as lágrimas descendo pelo rosto, e de pensar: "Obrigado, meu Deus, por esse homem que nunca dorme no ponto, nunca perde uma chance de contar as boas-novas".

Lição 6: Use a tecnologia mais moderna

Outra coisa que Billy me ensinou foi *aproveitar a mais moderna tecnologia*. Ele nunca deixou de procurar novos meios de divulgar o evangelho. E ele não só usava tecnologia de ponta, como lançava mão de múltiplas tecnologias para transmitir a mensagem. Vou dar um exemplo de algo que aconteceu bem no início do seu ministério.

Na cruzada de Harringay, em 1954, ele usou telefones. O prédio alugado para a cruzada não comportava todo mundo, então eles transmitiram os sermões por telefone, usando um sistema de retransmissão telefônica inventado na Segunda Guerra Mundial. Pessoas em toda a Inglaterra tiravam o telefone do gancho e se sentavam em pequenos grupos para ouvir a mensagem.

E esse foi só começo. Billy estava sempre perguntando que tecnologia ou mídia poderia ser usada para divulgar a mensagem. Por isso, fundou a revista *Decisão*. Fundou a *World Wide Pictures*, e já fazia filmes cristãos enquanto os fundamentalistas ainda estavam combatendo o cinema. Fundou a revista *Christianity Today*. Escreveu livros. Publicou artigos. Fez programas de rádio e gravou fitas de áudio. Fez transmissões simultâneas. De fato, foi ele quem fez a primeira transmissão simultânea global, a partir de Porto Rico, alcançando 1 bilhão de pessoas nos países da América Latina. Ele nunca deixou de procurar novos meios de pregar o evangelho. Hoje, é possível até fazer o *download* de aplicativos para iPhone e Android no *site* da AEBG. Pessoas ouviram Billy Graham dizer: "A questão não é quantas pessoas consigo levar para o estádio, mas a quantas pessoas consigo levar a mensagem". E isso foi algo muito importante que aprendi com ele.

Em Saddleback, temos tentado seguir a filosofia de Billy Graham. Por volta de 1982, Saddleback foi a primeira igreja a usar uma máquina de fax para evangelismo. Tive a ideia de fazer uma coisa chamada "o fax da vida". Eu escrevia um devocional semanal, e nós o enviávamos por fax para empresários importantes. E eles enviavam a mensagem por fax para outras pessoas.

Billy ouviu falar sobre o que estávamos fazendo e me mandou um bilhete, dizendo: "Que ótima ideia! Usar o fax para divulgar a Palavra é uma ideia sensacional". Saddleback foi a primeira igreja na internet. Isso foi em 1992, antes do Internet Explorer, Netscape ou Safari. Usamos tecnologias chamadas Gopher, FDP e Mosaic, desenvolvidas na Universidade de Cincinnati, e montamos um pequeno *website*. Algum tempo atrás, comprei um iPod para cada membro da equipe, e começamos a usar iPods para os estágios iniciais de treinamento. Seguindo o exemplo de Billy Graham, estamos sempre procurando tecnologias que nos ajudem a divulgar o evangelho. Agora estamos pensando em usar mensagens de texto, porque, embora nem todo mundo tenha um *laptop* ou uma conexão com a internet, mais de 2 bilhões de pessoas têm telefones celulares atualmente, e esse número está crescendo rapidamente.

Há alguns anos, eu estava em Jacarta e perguntei a um líder cristão de lá: "Quantas mensagens de texto você recebe por dia?". Ele respondeu: "Centenas, porque é assim que nos comunicamos por aqui. Não telefonamos; mandamos mensagens de texto. Tomei nota de alguns pontos durante o seu sermão e enviei pelo celular a todos os meus amigos. Ah, e acaba de chegar outra mensagem com o nosso devocional diário". Aquele homem tinha realmente enviado o meu sermão pelo BlackBerry a várias pessoas enquanto eu pregava — pessoas que jamais o teriam ouvido de outra forma. Este é só um exemplo de como podemos usar tecnologias em desenvolvimento.

Lição 7: Trabalhe em equipe

A sétima lição que aprendi com Billy Graham foi *trabalhar em equipe*. Ninguém pode fazer o trabalho ministerial sozinho. Billy Graham sabia disso e formou uma equipe central que esteve com ele durante cinquenta anos. Todos os membros da equipe davam sua contribuição. Quando você monta uma equipe eficiente, deve contratar pessoas que compensem seus pontos fracos e mobilizem ou reforcem seus pontos fortes, porque ninguém consegue ser bom em tudo. Quando você tem uma equipe que permanece junta por cinquenta anos, seu ego não existe mais. Você consegue até ler os pensamentos dos outros. Tive a oportunidade de sentar atrás de Cliff Barrows enquanto Billy estava pregando, e pude perceber que Cliff sabia exatamente o que Billy iria fazer. E Billy sabia exatamente o que sua equipe faria, porque estavam juntos havia muito tempo.

É isso o que acontece com os meus líderes de adoração. Algumas pessoas estão comigo há vinte e cinco anos. Rick Muchow consegue ler os meus pensamentos. Quando estou pregando, ele sabe exatamente aonde quero chegar, e toca a música certa na hora exata. Quando se trabalha com a mesma equipe por muito tempo, uns sabem o que os outros estão pensando. Portanto, acho que a ideia de um ministério feito em equipe tem sido um bom modelo para nós, e a equipe de Billy Graham é a nossa referência constante.

A influência do homem Billy Graham

Essas sete lições que aprendi com Billy Graham foram extremamente preciosas. Contudo, mais até do que esses pilares de sabedoria, a maior influência que ele teve sobre mim não veio do que ele ensinava, mas simplesmente de quem ele era.

Em seus últimos anos, Billy me deu vários conselhos excelentes baseados em sua vasta experiência — conselhos que, creio, ninguém mais poderia dar. Muitas vezes, eu ligava para ele e perguntava: "O que você acha que devo fazer sobre isso?". Eu não conhecia ninguém que tivesse passado pelas mesmas situações que eu estava enfrentando. Quando o meu livro, *Uma vida com propósitos*,[1] foi publicado, comecei a receber convites de líderes de igrejas, importantes homens de negócios, políticos

---

[1] São Paulo: Vida, 2003.

influentes e outros formadores de opinião que queriam que eu desse uma palestra para seus respectivos segmentos. Mas eu não sabia como me comportar nesses diferentes ambientes. Então, eu fazia uma lista de perguntas e ligava para Billy Graham: "O que digo para esse grupo? O que faço nessa situação? Como respondo às críticas a respeito desse ponto?". E ele me dava a orientação certa em tudo, porque sabia muito bem como se comunicar perfeitamente em tantos ambientes diferentes.

Quando as pessoas perguntam quem substituirá Graham, a resposta é: ele é insubstituível. Nunca haverá outro Billy Graham, assim como nunca haverá outro Martinho Lutero. Billy Graham era Billy Graham. Se as cruzadas evangelísticas podem ter o mesmo efeito agora que tiveram no passado, eu não sei. Só sei que Deus o levantou.

Atos 13.36, que é o versículo da minha vida, é uma passagem apropriada para descrever Billy Graham: "Tendo, pois, Davi servido ao propósito de Deus em sua geração, adormeceu". Não consigo pensar num epitáfio melhor que a afirmação de que você serviu ao propósito de Deus em sua geração. Isso significa que você fez o eterno enquanto havia tempo. Você lutou pelo imutável numa sociedade, num mundo, numa cultura que vive em constante mudança. Billy Graham serviu ao propósito de Deus em sua geração e, agora que cumpriu esse propósito, ele se foi.

Billy Graham não pode ser substituído. Eu o vejo em seu filho, Franklin Graham. Eu o vejo em sua filha, Anne Graham Lotz; mas ninguém vai tomar seu lugar e ser Billy Graham novamente, assim como ninguém poderia ser João Calvino outra vez. Algumas pessoas são historicamente singulares. Deus as levantou para servir a seu propósito durante o período em que viveram.

Embora eu tenha muitas lembranças agradáveis de Billy Graham, talvez a maior de todas seja algo que me impactou na cruzada de Nova York, que foi sua última cruzada. Eu o estava observando enquanto ele olhava para as pessoas depois de ter feito o apelo. A maioria dos pastores não tem a coragem de convidar os ouvintes a assumirem um compromisso e depois ficar esperando enquanto eles decidem se aceitam ou não. Todo sermão, na verdade, resume-se a duas palavras: *Você quer?* A única coisa que distingue um sermão de outro é o que o pregador pede que os ouvintes façam. Você quer entregar a vida a Cristo? Você quer obedecer a ele em tudo? Você quer ir para o campo missionário? Você quer ser um discípulo? Você quer ser um bom pai? Independentemente do assunto, o objetivo final é o convite.

Parte do brilhantismo de Billy Graham é que ele sabia como jogar a rede. Muitos pregadores não sabem. Eles pregam sermões muito bons, mas não sabem como chamar as pessoas a assumirem um compromisso. É preciso ter coragem para ficar lá, em pé, e dizer: "Você quer fazer isso agora?" — e então esperar.

Eu tinha visto Billy Graham fazer o apelo durante anos, mas naquela última cruzada foi realmente extraordinário vê-lo sentado naquele púlpito especialmente feito para ele, com uma cadeira acoplada, porque ele já não conseguia mais permanecer de pé durante todo o tempo da mensagem. Ele parecia uma águia magnífica. Era quase como se ele estivesse pousado em sua cadeira, observando o horizonte, com a cabeleira branca e o perfil de nariz afilado e queixo saliente, que durante anos deram a ele uma aparência tão atraente. Ele corria os olhos pela multidão, de um lado para o meio e para o outro lado, sem dizer uma palavra. Para mim, ele era como uma grande águia, só observando e dizendo para si mesmo: *Deus, tu estás agindo.*

Em uma das noites daquela cruzada em Nova York, ele tinha feito o apelo e centenas de pessoas em resposta se colocaram em pé na frente da plataforma, esperando em silêncio. De repente, um homem começou a orar alto, muito alto. Não conseguíamos entender o que ele dizia, mas ele estava clamando a Deus realmente emocionado. Aquilo estava quebrando a concentração de tal maneira que eu esperava que a segurança fosse chamada para acalmar o homem ou tirá-lo dali. Mas Billy não sufocou aquela manifestação. Não tentou controlá-la. Não chamou a segurança para levar o homem embora. Nunca me esquecerei do que ele disse: "Deixem o homem em paz. Aprendi que às vezes Deus age de forma extraordinária, e não sabemos o que está acontecendo. Portanto, não o incomodem". Havia um tremendo tesouro de sabedoria naquelas palavras que eram fruto do conhecimento que ele havia adquirido com a experiência. Billy Graham sabia que Deus às vezes faz coisas que não podemos explicar, e ele estava disposto a ficar ali em pé, esperando Deus agir.

Anos atrás, fui a San Diego para ajudar numa cruzada de Billy Graham no Estádio Jack Murphy. Ele pregou uma mensagem sobre solidão, intitulada: "Sou um pelicano no deserto". Para ser sincero, a mensagem não foi grande coisa; era quase desconexa. Mas, quando ele fez o apelo, *bum!* O poder de Deus caiu naquele lugar. Creio firmemente que aquilo foi Deus abençoando a vida de um homem. O poder de Deus na vida de Billy Graham era tão grande que ele poderia ter pregado "Maria tinha um carneirinho", e as pessoas iriam à frente. Ele era a personificação do provérbio latino: "O homem cuja vida é como um relâmpago, suas palavras são como o trovão". A integridade e o estilo de vida desse homem eram tão corretos, e seu coração era tão poderosamente dirigido por Deus, que isso transparecia em suas palavras e em sua presença. Ter essa direção no coração é mais importante que pregar um grande sermão. Na verdade, isso *é* um sermão. O sermão que Billy Graham pregava era a sua própria vida.

As pessoas falam muito sobre Billy Graham, o pregador. Mas penso que Billy Graham, o líder, e Billy Graham, o exemplo de vida, permanecerão por mais tempo que seus sermões. O homem que ele foi acabará sendo ainda mais importante que as palavras que ele disse.

INTRODUÇÃO

O PASTOR DA AMÉRICA VAI PARA CASA

Billy Graham foi talvez a mais importante figura religiosa do século XX, e o movimento e as organizações que ele ajudou a criar continuam desempenhando um papel relevante no século XXI.

Durante toda a vida, Graham pregou para mais de 200 milhões de pessoas pessoalmente, e a outros tantos milhões através da televisão, via satélite e em filmes. Quase 3 milhões de pessoas atenderam ao apelo de "aceitar Jesus em seu coração", que ele fazia ao final de seus sermões. Em toda a História, nenhum outro pregador proclamou o evangelho a mais pessoas que ele. Por tudo isso, ele se tornou o "pastor da América", participando de cerimônias de posse de presidentes e discursando em momentos de crise nacional, como nos cultos memoriais após o atentado na cidade de Oklahoma e os ataques do Onze de Setembro.

Randall Balmer, historiador da Universidade de Colúmbia, disse, certa vez: "Ele foi amigo e confidente de papas e presidentes, rainhas e ditadores", mas, até os últimos anos de vida, conservou "o mesmo charme jovial e o jeito simples de se comunicar com o público".

Billy Graham nasceu na cidade de Charlotte, na Carolina do Norte, em 1918. Depois de frequentar por algum tempo a Universidade Bob Jones, formou-se pelo Florida Bible Institute, perto de Tampa, e pelo Wheaton College, em Illinois. Foi ordenado ao ministério na Igreja Batista do Sul, em 1939; pastoreava uma igreja pequena, num subúrbio de Chicago, e pregava num programa de rádio semanal. Em 1946, tornou-se o primeiro membro do ministério Mocidade para Cristo com dedicação exclusiva, e deu início a suas campanhas evangelísticas. Por quatro anos (1948-1952), foi também diretor da instituição de ensino cristão Northwestern Schools, em Minneapolis. Em 1949, chamou a atenção dos Estados Unidos com a cruzada evangelística que realizou numa tenda em Los Angeles; e, em 1957, suas reuniões em Nova York encheram o Madison Square Garden durante quatro meses, confirmando-o como uma das principais figuras da cena religiosa americana.

Graham era uma presença constante nas listas das pessoas "mais admiradas". Entre 1950 e 1990, ele figurou mais vezes na lista dos "mais admirados" do Instituto Gallup que qualquer outro americano. Numa lista de pessoas notáveis por suas realizações, elaborada certa vez pelo *Ladies Home Journal*, Graham figurava em segundo lugar na categoria *religião*, e em primeiro lugar estava Deus. Foi ainda agraciado com a Medalha Presidencial da Liberdade (1983) e a Medalha de Ouro do Congresso (1996).

Sherwood Wirt, que durante dezessete anos editou a revista *Decision*, da organização Graham, citou um pastor escocês que comentou a respeito de Graham: "A primeira coisa que me impressionou ao vê-lo de perto não foi sua boa aparência, mas sua bondade; o que me chamou a atenção não foi o número extraordinário de compromissos que ele precisava cumprir, mas sim quanto ele era comprometido com seu Senhor e Mestre. Basta um momento com ele para perceber sua sinceridade; é uma característica que deixa qualquer um encabulado, e mexe com a gente como nenhuma técnica ou habilidade seria capaz de fazer".

Graham foi um modelo de integridade. Apesar dos escândalos e tropeços que derrubaram outros líderes e ministros — entre eles um de seus amigos, Richard Nixon, e vários televangelistas —, ninguém jamais levantou alguma acusação grave contra ele, em seis décadas de ministério.

Isso não quer dizer que ele não tenha recebido duras críticas. Alguns liberais e intelectuais diziam que sua mensagem era "simplista". Alguns fundamentalistas o acusavam de fazer "concessões" ao cooperar com grupos majoritários e com o Conselho Nacional de Igrejas. Sua posição antissegregacionista moderada durante a época da luta pelos direitos civis sofreu bombardeio de ambos os lados: os segregacionistas brancos ficaram furiosos quando ele convidou o "agitador" Martin Luther King Jr. para orar na cruzada de 1957, em Nova York; e os ativistas dos direitos civis o acusaram de covardia por não se juntar a eles nas marchas de protesto e ser preso em defesa da causa.

Em 1982, ao visitar a antiga União Soviética para pregar o evangelho a convite do governo, Graham desencadeou uma tempestade de críticas. Apesar de ter se encontrado com os Sete Siberianos — dissidentes pentecostais que estavam buscando asilo político —, foi atribuída a Graham a declaração: "Pessoalmente, não vi nenhum sinal de perseguição religiosa". Alguns o chamaram de traidor. Mas ele dizia que iria a qualquer lugar para pregar, desde que não houvesse restrições à liberdade de proclamar o evangelho. Ele voltou afirmando ter visto a mão de Deus operando na União Soviética. Foi duramente criticado e acusado de ser "ingênuo" e de servir de "instrumento da máquina de propaganda soviética".

No entanto, por volta de 1990, após a queda da União Soviética, num discurso dirigido à National Religious Broadcasters, o então presidente George W. Bush mostrou que ele estava certo em suas previsões: "Há oito anos, um dos maiores embaixadores do Senhor, o rev. Billy Graham, foi à Europa Oriental e à União Soviética. Ao voltar, disse pressentir que haveria uma abertura religiosa naquela região. E talvez ele tenha percebido isso antes de qualquer um de nós porque é preciso ser um homem de Deus para perceber quando a mão de Deus começa a se mover".

Talvez o legado mais importante de Graham tenha sido sua habilidade para apresentar o evangelho numa linguagem que todos conseguiam entender. Ele fez isso de forma brilhante, usando com criatividade as tecnologias mais modernas — rádio, televisão, revistas, livros, uma coluna jornalística, filmes, transmissões por satélite, internet — para divulgar sua mensagem.

Na década de 1990, ele redesenhou o modelo de suas "cruzadas" (mais tarde denominadas "missões", em respeito aos muçulmanos e a outros que se sentiam ofendidos com a conotação do termo "cruzada").

Sua tradicional "noite da juventude" foi transformada num revolucionário "Concerto para a Nova Geração", em que artistas cristãos do *rock*, *rap* e *hip-hop* abriam o evento, e Billy Graham pregava em seguida. Esse formato atraiu um número recorde de jovens que iam assistir às bandas e depois, surpreendentemente, ouviam atentamente o octogenário evangelista.

Além de tudo isso, ele ajudou a fundar várias organizações importantes, como a Mocidade para Cristo, a Associação Evangélica Billy Graham e o ministério *Christianity Today*. O círculo de sua influência se estendeu a instituições de ensino como o Wheaton College, em Illinois, o Seminário Gordon-Conwell, em Massachusetts, o Northwestern College, em Minnesota, e o Seminário Fuller, na Califórnia. Seu apoio e incentivo ajudaram a criar o Conselho Evangélico de Responsabilidade Financeira, as organizações Greater Europe Mission, a TransWorld Radio, a Visão Mundial, a World Relief, além da Associação Nacional dos Evangélicos.

Ele reuniu a comunidade cristã global em convenções internacionais: o Congresso de Evangelismo Mundial, em 1966, em Berlim; o Congresso Internacional de Evangelização Mundial, em Lausanne, na Suíça, em 1974; e três grandes conferências que agruparam evangelistas itinerantes em Amsterdã, em 1983, 1986 e 2000, atraindo quase 24 mil evangelistas atuantes, provenientes de 200 países.

Em muitos aspectos, Billy Graham formou e personificou o movimento evangélico. O teólogo J. I. Packer atribui a "convergência" evangélica a Graham: "Até 1940, era cada um por si. Não havia nenhum sinal de unidade. Existiam alguns focos de resistência tentando firmar-se diante da avalanche liberal. Da década de 1950 em diante, contudo, os evangélicos se uniram cada vez mais em torno de Billy Graham e de tudo o que ele representava e defendia. Começou naquela época e continua assim até hoje".

Para muitos, porém, William Franklin Graham não será lembrado por essas realizações. Ele será sempre "Billy", como preferia ser chamado. Sua autobiografia recebeu o título *Just as I Am*,[1] um reflexo de seu espírito

---

[1] No Brasil, a obra recebeu o título *Billy Graham: uma autobiografia*. São Paulo: United Press, 1998. [N. do R.]

humilde, tirado do hino mais cantado quando ele convidava as pessoas para irem à frente e receberem o amor de Deus. Sua humildade diante do Todo-poderoso incentivou milhões de pessoas a se aproximarem de Deus com o mesmo espírito.

Que este livro, que expressa de tantas formas as últimas palavras que ele nos deixou, possa encorajar você a fazer o mesmo.

— Marshal Shelley
Vice-presidente de *Christianity Today*

PARTE I

QUANDO DEUS CHAMAR, NÃO DEMORE

1

O QUE SIGNIFICA SER "NASCIDO DE NOVO"

Os séculos XIX e XX foram uma época de grandes avanços científicos. Suas várias décadas nos brindaram com maravilhas como a propulsão a jato, a energia nuclear, a televisão e os mísseis modernos, além de centenas de máquinas e dispositivos que trouxeram mais conforto à humanidade.

A ciência nos dá todas essas coisas, mas não nos diz o que fazer com elas. Precisamos de recursos morais e espirituais para poder usar corretamente tudo o que a ciência criou.

Coloque uma arma de fogo nas mãos de um garoto imaturo, e ele pode acabar dando um tiro na janela. Coloque bombas de hidrogênio e mísseis nas mãos da humanidade moralmente imatura, e ela pode acabar explodindo o planeta inteiro. A ciência nos trouxe a possibilidade de vivermos uma era dourada, mas também nos trouxe a possibilidade de destruirmos completamente a espécie humana. O ser humano está numa encruzilhada; ele precisa fazer uma escolha.

A palavra "cristão" é de origem latina. Significa literalmente "partidário de Cristo" ou "membro do partido de Cristo". A única coisa que se pode dizer com certeza a respeito dos membros de um partido, seja qual for sua política, é que eles nunca são neutros. Nunca ficam no meio-termo; nunca ficam em cima do muro; nunca são meros espectadores das batalhas de seu tempo. Eles se arriscam. Eles se comprometem. Eles ouvem e seguem seu líder, aconteça o que acontecer. Portanto, a própria palavra "cristão" implica um compromisso de vida, uma decisão, uma escolha.

Cristo disse que nós não possuímos recursos próprios para enfrentar os problemas, as frustrações e as crises da vida. Precisamos de recursos novos que só ele nos pode dar. Ele disse: "É necessário que vocês nasçam de novo" (João 3.7). Jesus ensinou claramente que, se não passarmos por um novo nascimento ou conversão, não entraremos no Reino de Deus.

Muitas pessoas sentem que a vida é fútil, e praticamente todo mundo consegue entender esse sentimento. Até mesmo os jovens de hoje parecem compartilhar essa sensação de futilidade. Muitos anos atrás, a revista dos alunos da Universidade Johns Hopkins pediu a 291 formandos que enviassem artigos elogiando e defendendo a mentalidade e as ações de sua geração. O resultado patético foi uma única resposta, enviada por um veterano da Marinha, de 26 anos de idade, graduado em História. Entre outras coisas, ele disse: "Estamos acomodados numa posição de irrelevância e indecisão. Se minha geração parece inerte, não é porque não nos importamos com o que acontece à nossa volta; é porque nos sentimos desamparados. O nosso problema maior não é o de não sabermos o que fazer, mas sim a falta de um referencial". O sentimento de futilidade gera apatia em relação aos problemas morais do nosso tempo e indiferença para com as fraudes e a desonestidade nas esferas mais altas da sociedade. Essa atitude do público é mais assustadora que as próprias transgressões contra a decência e a integridade.

A humanidade precisa desesperadamente das certezas de ordem moral e espiritual que só a fé em Deus pode proporcionar. Quando o homem moderno se sente como um órfão cósmico — à deriva num planeta precariamente equilibrado no espaço, sem ter um Deus pessoal como Pai, sem a esperança de uma vida futura —, é enorme a probabilidade de sua vida se despedaçar diante dos imensos problemas da nossa era turbulenta.

Enquanto Jesus Cristo esteve na terra, seu objetivo sempre foi o de trazer integridade à vida de todas as pessoas que ele encontrava. Ele ensinou que o ser humano pode nascer de novo. E fez essa afirmação a um doutor da lei chamado Nicodemos. Caso Jesus tivesse dito: "Se você, Nicodemos, não nascer de novo, não pode ver o Reino de Deus", teríamos considerado a frase como palavras ditas a uma pessoa particular, não como uma afirmação de aplicação geral. Mas Jesus usou um termo genérico: "*Ninguém* pode ver o Reino de Deus, se não nascer de novo" (João 3.3, grifo nosso).

Imediatamente, Nicodemos levantou uma questão: "Como alguém pode nascer, sendo velho?" (João 3.4). Ele não estava muito interessado no novo nascimento propriamente dito, mas sim em como a coisa toda funcionava. Ele queria analisar a questão objetivamente, por isso perguntou: "Como alguém pode...?", e não "Como eu posso...?". Sua tendência era procurar um argumento para se excluir do novo nascimento, em vez de crer que estava incluído nele.

O grande psicólogo Carl Jung disse certa vez: "Os velhos pecados primitivos não estão mortos, mas escondidos nos cantos escuros do nosso coração moderno". Jesus indicou que há algo errado com o coração humano, quando disse: "Mas as coisas que saem da boca vêm do coração, e são essas que tornam o homem impuro" (Mateus 15.18).

Os psicólogos sabem que há algo errado com a espécie humana. Alguns chamam isso de fraqueza constitucional; a Bíblia o chama de pecado. A Bíblia define pecado como o ato espontâneo de um ser inteligente, moral e responsável que se rebela contra a vontade de seu Criador. O pecado afetou todos os aspectos da nossa vida, até mesmo a nossa mente.

É claro que, para um ser humano imperfeito se reconciliar com um Deus perfeito, é necessário que haja uma mudança. Jesus falou sobre essa mudança quando disse, em outras palavras: "Nicodemos, você é um estudioso, é religioso, tem posição e poder; mas, se não nascer de novo, não verá o Reino de Deus".

Do início ao fim, as Escrituras reiteram a necessidade de uma transformação. Ezequiel disse: "Darei a vocês um coração novo e porei um espírito novo em vocês; tirarei de vocês o coração de pedra e lhes darei um coração de carne" (36.26). Em Romanos, Paulo descreve essa transformação como voltar "da morte para a vida" (6.13). Em 2Coríntios, ele define a transformação como ser "nova criação. As coisas antigas já passaram; eis que surgiram coisas novas!" (5.17). Aos efésios, ele disse que haviam sido "vivificados",[1] pois "estavam mortos em suas transgressões e pecados" (cf. 2.1, *Almeida Revista e Corrigida*). Em Tito, a transformação é chamada de "o lavar regenerador e renovador do Espírito Santo" (3.5). Pedro diz que a transformação nos faz "participantes da natureza divina" (2Pedro 1.4). No catecismo da Igreja anglicana, ela é chamada de "morte para o pecado e novo nascimento para a justiça". O novo nascimento provoca uma mudança de inclinação, de disposição, de propósito. Você pode ter novos objetivos, novos princípios, novas dimensões de vida, se depositar sua fé e confiança em Jesus Cristo.

O novo nascimento é um mistério realizado pelo Espírito de Deus. Quando, por castigo, os filhos de Israel foram picados por serpentes no deserto, milhares deles estavam sofrendo e morrendo. Deus ordenou que Moisés fizesse uma serpente de bronze e a levantasse diante do povo, e todo que olhasse para a serpente seria curado. Moisés ergueu a serpente de bronze. Muitos olharam e foram curados. Mas houve muitos outros que não quiseram olhar. Aquilo era um insulto à sua inteligência; não havia nenhum poder curativo no bronze. Mas Deus tinha dito aquilo. Eles não precisavam aplicar nenhuma pomada em suas feridas. Não precisavam ministrar aos que tinham sido picados. Não tinham de caçar a serpente nem levar oferendas a ela. Não precisavam olhar para Moisés. Só tinham de olhar para a serpente de bronze com fé; e, indo além da serpente, olhar para Deus (Números 21.8,9).

Então, Jesus veio e disse: "Eu serei levantado. Voltem-se para mim e sejam salvos" (v. Isaías 45.22).[2] A nossa geração poderia ser salva simplesmente olhando para Jesus Cristo com fé.

A ciência e a medicina podem ajudar. A psiquiatria pode ajudar. Mas a nossa verdadeira salvação está na cruz de Cristo, onde ele morreu pelos nossos pecados e onde se encontram todas as possibilidades de uma nova dimensão de vida. Se olharmos, viveremos.

---

[1] Cf. 1Coríntios 15.22. [N. do R.]
[2] V. tb. João 3.14. [N. do R.]

2

COMO POSSO SABER SE ESTOU SALVO?

Na primeira epístola de João, capítulo 5, versículo 13, está escrito: "Escrevi-lhes estas coisas, a vocês que creem no nome do Filho de Deus, para que vocês saibam que têm a vida eterna". Esse foi o motivo pelo qual a epístola foi escrita. "Escrevi-lhes estas coisas" — disse João — "para que vocês saibam que têm a vida eterna".

Agora, eu pergunto: Você sabe se tem ou não a vida eterna? O que eu quero dizer com vida eterna? Quero dizer vida aqui e agora, uma vida plena e realizada, e também o céu depois da morte. Você sabe se tem isso? A Bíblia diz que você pode saber. Pode saber com certeza. João diz: "Escrevi-lhes estas coisas, a vocês que creem no nome do Filho de Deus, para que vocês saibam que têm a vida eterna". Um cristão que recebeu Cristo pode afirmar com certeza: "Sei que tenho a vida eterna. Tenho certeza disso. Eu recebi Cristo. Existem evidências na minha vida que indicam que eu passei da morte para a vida e agora estou pronto para me encontrar com Deus. Eu sei em quem tenho crido".

Em todas as epístolas, os apóstolos repetem "Eu sei". Você pode saber; você pode saber com certeza. Paulo afirmou: "Estou convencido [...] estou bem certo".[1] Como você pode saber? Como pode ter certeza?

---
[1] 2Timóteo 1.5,12. [N. do R.]

Autoexame

Bem, quero propor um teste a você. Farei algumas perguntas bem objetivas sobre a sua vida. A Bíblia diz que a lei de Deus é um espelho e, quando olhamos para a lei, os Dez Mandamentos ou o Sermão do Monte, a Bíblia diz que vemos o nosso verdadeiro eu. Nós nos vemos do jeito que somos aos olhos de Deus. A Bíblia diz que Deus não nos julga pela aparência exterior. Não estou perguntando qual é a sua situação financeira, se você se veste na última moda, qual é a sua posição social, a cor da sua pele ou a sua bagagem cultural. Estou perguntando: *Qual é a sua posição diante de Deus?* Você está certo de que tem a vida eterna?

Um homem importante perguntou a Jesus: "Que farei para herdar a vida eterna?".[2] Qual o significado dessa pergunta? Era que ele queria ter o melhor que a vida podia oferecer aqui, queria uma vida plena. Ora, ele era religioso. Tinha cultura. Era instruído. Tinha tudo o que normalmente faria uma pessoa feliz. Mas havia um vazio em sua vida. Ele sabia que existia algo mais na vida, algo que ele não tinha; então, foi procurar Jesus. Mas ele pediu mais alguma coisa. Queria saber sobre a vida após a morte. Queria saber se viveria com Deus para sempre. Queria saber a respeito da vida sobre a qual Jesus estava falando quando declarou: "Eu vim para que tenham vida, e a tenham plenamente".[3]

A fonte da vida

A Bíblia ensina que Deus é eterno. Deus é vida. Jesus disse: "Eu sou o caminho, a verdade e a vida" (João 14.6). *Vida:* Vida com V maiúsculo. Isto é, *vida espiritual*. Ora, existe uma vida que é material, física. Fisicamente, você está vivo. Espiritualmente, a Bíblia diz que todos nós estamos mortos e separados de Deus. Para entender melhor, vamos pensar numa planta muito bonita. Eu corto um galho, que cai no chão. O galho parece tão saudável quanto antes, porém a seiva não está mais circulando, e ele acaba

---

[2] Marcos 10.17. [N. do R.]
[3] João 10.10. [N. do R.]

morrendo, porque está separado da vida. É exatamente isso o que o pecado faz. O pecado cortou o fio condutor da vida entre nós e Deus, e Deus diz que estamos espiritualmente mortos. Separados de Deus. Cortados da comunhão com Deus. Separados da vida.

Deus, porém, é vida. No momento em que você se aproxima de Jesus Cristo e o recebe, a Bíblia diz que você é novamente enxertado na videira. Jesus disse: "Eu sou a videira; vocês são os ramos" (João 15.5). Você passa a compartilhar da vida eterna — vida espiritual —, e imediatamente algo acontece. A Bíblia diz que a seiva, a vida espiritual de Deus, começa a fluir em você, e aparecem sinais de que você tem vida espiritual. Você não continua como um galho seco, uma planta morta. As folhas brotam. Coisas começam a acontecer na sua vida. Essa vida de Deus é sua, e a Bíblia diz que você viverá tanto quanto Deus. Quando as estrelas tiverem caído do céu, quando a lua tiver despencado de sua órbita, nós ainda estaremos vivos, porque Deus é de eternidade a eternidade, e todos os que tiverem vida espiritual em Cristo Jesus viverão para sempre. É maravilhoso ser cristão! E é isso que o mundo não consegue entender. É isso o que uma pessoa que nunca recebeu Cristo não consegue entender. Ela não entende que a vida de Deus está fluindo em você agora, dando-lhe poder, força e dinamismo para viver a vida cristã.

Certifique-se!

A vida de Deus está fluindo em você? Você recebeu vida espiritual por meio de Cristo? Você precisa descobrir se tem vida ou não. Em Hebreus 10.22, a Bíblia fala da plena convicção de fé. O cego disse: "Uma coisa sei: eu era cego e agora vejo!" (João 9.25). Então, certifique-se! Será que você pode dizer: *Eu era cego para as coisas espirituais, mas agora vejo; eu estava morto para as coisas espirituais, mas agora tenho vida; eu vivia em trevas espirituais, mas agora estou andando na luz?* Você pode dizer isso? Se não, eu peço a você que vá a Cristo e se certifique disso.

Em algum momento da sua vida, você recebeu Jesus Cristo como seu Senhor e Salvador? Paulo disse ao carcereiro filipense: "Creia no Senhor

Jesus, e serão salvos, você e os de sua casa" (Atos 16.31). Mas você diz: "Não, Paulo, não é assim tão simples. Você é muito simplista. Você deveria ter mandado que ele fizesse algo mais complicado. Deveria ter contado a ele todos os detalhes". Mas Paulo não fez nada disso. Ele respondeu: "Creia". Por quê? Porque crer — se você entende a palavra corretamente — é o início, o começo da nova vida em Cristo.

O significado da fé

Agora, o que significa *crer*? A palavra "crer" envolve o nosso intelecto. Precisamos conhecer Cristo e aceitar suas alegações. Cristo afirmou que era o Filho de Deus, que sua morte na cruz era o único caminho para o céu, que ele era Deus encarnado. Das duas, uma: ou você aceita todas as alegações de Cristo, ou o considera um dos maiores mentirosos, hipócritas e charlatães da História. Eu precisei decidir no meu coração e na minha mente que Jesus Cristo era quem afirmava ser. Tomei a minha decisão há muitos anos. Tinha de fazer uma escolha e tomei uma decisão racionalmente. Eu disse: "Ó Deus, pela fé, com a minha mente, reconheço que Jesus é o que afirmou ser, e que sua morte na cruz não foi a morte comum de um homem qualquer, mas foi Deus reconciliando o mundo consigo mesmo. Foi Cristo derramando seu sangue pelos nossos pecados".

Aceitando Cristo com todo o nosso ser

Em primeiro lugar, vem a razão. Em segundo, a emoção. A emoção está envolvida em tudo o que fazemos. Não podemos separar a emoção da razão e da vontade. Amor é emoção. Ódio é emoção. Quando vou a Jesus Cristo, eu o amo porque ele se entregou por mim na cruz, e eu odeio o pecado. O ódio e o amor são emoções. Não tenho a menor paciência com pessoas que se sentam à frente da TV e se acabam de chorar ou de rir com uma novela, ou vão para o estádio torcer por seu time e xingam a mãe do juiz com um ódio mortal, mas criticam o emocionalismo na religião.

O terceiro fator é a vontade. Hoje em dia, existem nas igrejas milhares de pessoas que aceitam Cristo com o intelecto. A Bíblia diz que os demônios creem e tremem. Não temos tremido muito. Alguns de vocês tiveram experiências ligadas à religião na infância ou na juventude. Mas ainda não têm vida espiritual enquanto uma terceira coisa muito importante não acontecer. E aqui está ela: você precisa receber Cristo através de um ato voluntário.

Quando eu estava diante do pastor, no dia do meu casamento, ele disse:

— Você aceita esta mulher como sua legítima esposa?

— Sim, aceito — respondi publicamente, meio assustado, diante de todos os presentes na igreja, por livre e espontânea vontade. Não respondi: "Acredito na Ruth e a amo". Não era essa a questão. Eu tinha de responder: "Sim, aceito". Até chegar àquele momento, foram meses de namoro. Usei todas as táticas que conhecia para conquistá-la. Mas nós não estávamos comprometidos um com o outro até o momento em que eu disse, diante do pastor: "Sim, aceito". Então, a transação foi reconhecida perante os tribunais do céu e da terra.

Ir a Cristo também é um ato de nossa livre e espontânea vontade. Tudo isso está envolvido na palavra "fé". Eu creio. Eu recebo Cristo pela fé. Eu entrego a minha vida a ele num ato voluntário. Você já fez isso?

Abandonando o pecado

Depois de receber Cristo, você abandonou o pecado, o pecado reconhecido na sua vida? Mentira, fraude, imoralidade, orgulho — todas essas coisas? Isso não significa que você obteve vitória completa e total sobre eles em todos os momentos. Mas significa que você começou a se afastar do pecado. Sam Jones, o grande evangelista, declarou que sua igreja costumava dizer: "Abandone a maldade". É esse o significado de seguir e servir a Cristo. "Que o ímpio abandone o seu caminho, e o homem mau, os seus pensamentos. Volte-se ele para o Senhor, que terá misericórdia dele; volte-se para o nosso Deus, pois ele dá de bom grado o seu perdão" (Isaías 55.7).

Suponha que eu tenha um porco. Dou um bom banho no bichano com água e sabão. Depois, passo esmalte em seus cascos. Em seguida, borrifo um pouquinho de Chanel Nº 5 em suas costas. Amarro um belo laço de fita no pescoço dele e o levo para a sala de estar. Ele fica sentadinho no sofá, com um perfume gostoso, todo bonitinho. Um lindo mascote! Todo mundo comenta: "Mas que maravilha! Que gracinha de porco você tem! Nunca vi um porquinho tão lindo!". Eu abro a porta e deixo o porco sair. Para onde ele vai? Ele volta para o lamaçal, porque sua natureza nunca mudou. Ele ainda é um porco.

Agora, imagine um homem. Ele se arruma todo num domingo de manhã. Depois, coloca sua auréola na cabeça, abre as asas, sai e se senta na igreja. Ele sorri radiante para todas as pessoas. O relógio dá meio-dia. Ele se levanta, cumprimenta o pastor e diz: "O culto foi muito bom, pastor". Então, lá pelo meio da tarde, ele tira a auréola, guarda as asas, os chifres começam a crescer, e ele pega o tridente outra vez para começar mais uma semana. Ele volta a praticar os mesmos velhos pecados. Sua natureza nunca foi mudada. Foi por isso que Jesus disse: "É necessário que vocês nasçam de novo".[4] É preciso ter um coração novo, uma alma nova, uma direção nova na vida.

Obedecendo a Cristo

Outra maneira de se autoexaminar é verificar se você obedece a Cristo. Você tem um desejo sincero de obedecer? Ele disse: "Quem tem os meus mandamentos e lhes obedece, esse é o que me ama" (João 14.21); "Sabemos que o conhecemos, se obedecemos aos seus mandamentos" (1João 2.3); "Se alguém me ama, obedecerá à minha palavra" (João 14.23); "Aquele que não me ama não obedece às minhas palavras" (João 14.24).

Você obedece a Cristo? Você lê sua Palavra? Você ora diariamente? Você é fiel e leal à igreja? Você dá o dízimo e ofertas para o sustento da obra do Senhor?

---

[4] João 3.7. [N. do R.]

Já ouvi de centenas de pessoas: "Billy, eu não tenho bênçãos espirituais. Não tenho poder espiritual".

Eu sempre começo perguntando:

— Você lê a Palavra?

Nove em cada dez pessoas respondem que não.

— Você gasta tempo em oração?

— Ah! Claro! Eu oro todos os dias.

— Você dá o dízimo?

— Bem, não. Eu não tenho feito isso direito.

— Quer dizer que você está roubando Deus e espera que ele o abençoe? Toda denominação ensina sobre o dízimo. Por quê? Porque o dízimo está baseado nas leis de doação do Antigo e do Novo Testamentos. Devemos dar ao Senhor, e o roubamos quando não fazemos isso.

O fruto do Espírito

Outro modo de autoexaminar-se é checar se você tem o fruto do Espírito. A Bíblia diz que o fruto do Espírito é amor, alegria, paz, paciência, amabilidade, bondade, fidelidade, mansidão e domínio próprio (Gálatas 5.22,23). Jesus disse: "Vocês os reconhecerão por seus frutos. Pode alguém colher uvas de um espinheiro ou figos de ervas daninhas? [...] A árvore boa não pode dar frutos ruins, nem a árvore ruim pode dar frutos bons" (Mateus 7.16-18).

Quero perguntar se você tem o fruto do Espírito. No momento em que uma pessoa recebe Jesus Cristo como Salvador, o Espírito Santo entra em seu coração. Seu corpo se torna o templo do Espírito Santo. No instante em que você recebe Cristo, a terceira pessoa da Trindade — o Espírito Santo — passa a viver em você e produz fruto. A vida espiritual começa a fluir. As folhas começam a brotar. O fruto começa a crescer na época certa. Você tem amor. "Com isso todos saberão que vocês são meus discípulos, se vocês se amarem uns aos outros" (João 13.35). "Sabemos que já passamos da morte para a vida porque amamos nossos irmãos" (1João 3.14). A Bíblia inteira está cheia de uma palavra gloriosa e triunfante, que deve caracterizar todo filho de Deus — "amor".

A bênção da alegria

Outro fruto do Espírito é a alegria. Quando vejo um homem andando com a cara fechada e os ombros curvados para a frente pelo peso dos fardos da vida, sei de antemão que ele não tem ideia do que é ser cheio do Espírito de Deus. A Bíblia diz que os crentes são cheios de alegria. Ouça bem, o cristão deve andar sempre sorridente, confiante e com alegria na alma. Essa é a vida cristã. Paulo e Silas estavam na prisão e tinham sido açoitados até sangrarem, mas à meia-noite estavam cantando! Independentemente das circunstâncias, se Cristo está no seu coração, você consegue sorrir, você consegue cantar. Temos alegria e paz através do Espírito Santo.

Paz de espírito

A paz também é um fruto abençoado. É uma serenidade interior. Para mim, a melhor imagem para representar a paz foi uma cena a que assisti na Carolina do Norte. Era um dia de tempestade. A ventania soprava forte, o mar estava agitado e as trovoadas ecoavam pelo céu. Na fenda de uma rocha, um passarinho dormia com a cabeça embaixo da asa. Paz é isso — a paz que Deus pode dar. A tempestade pode rugir à vontade. Tenho paz porque conheço o Príncipe da Paz.

Você está dando o fruto do Espírito? Se não está, talvez você nunca tenha sido enxertado na natureza de Deus e se tornado participante dessa natureza. É melhor você se certificar. Você tem certeza? A Bíblia diz: "Escrevi-lhes estas coisas, a vocês que creem no nome do Filho de Deus, para que vocês saibam que têm a vida eterna" (1João 5.13). Você já tem essa certeza? Para tê-la, basta que você se aproxime de Cristo e o receba como o seu Senhor e Salvador.

3

PRECISAMOS DO AMOR DE DEUS

Assim como Wesley, também acho que preciso pregar sobre a lei e o juízo antes de poder pregar sobre a graça e o amor.

Os Dez Mandamentos são as leis morais de Deus para a conduta das pessoas. Alguns acham que essas ordenanças foram revogadas. Isso não é verdade. Cristo ensinou a lei. Todos aqueles mandamentos ainda estão valendo hoje. Deus não mudou; as pessoas é que mudaram.

Todas as pessoas que já viveram, com exceção de Jesus Cristo, violaram os Dez Mandamentos. Pecado é uma transgressão da lei. A Bíblia diz: "Todos pecaram e estão destituídos da glória de Deus" (Romanos 3.23). Os Dez Mandamentos são um espelho que mostra quanto estamos distantes do padrão estabelecido por Deus. E o espelho do nosso fracasso nos dirige para a cruz onde Cristo pagou a dívida pelo pecado. Segundo a Bíblia, o perdão se encontra na cruz, e em nenhum outro lugar.

Deus diz: "Não terás outros deuses além de mim" (Êxodo 20.3). Você pode não ter nenhum ídolo no quintal de casa, mas existem ídolos na sua vida. Qualquer coisa que venha antes de Deus na sua vida é o seu ídolo. Você passa mais tempo lendo o jornal que lendo a Bíblia. Você passa mais tempo na frente da televisão que na igreja. Os ídolos tiram o espaço de Deus na sua vida. Você simplesmente não tem mais tempo para ele.

Outro mandamento diz: "Não tomarás em vão o nome do Senhor, o teu Deus, pois o Senhor não deixará impune quem tomar o seu nome em vão" (Êxodo 20.7). Você pode não amaldiçoar Deus, mas toma o seu nome em vão quando diz ser cristão, mas não vive como tal. Você toma seu nome em vão quando desonra seu corpo, quando faz votos e não os cumpre, quando ora e não crê em Deus.

A Bíblia diz: "Honra teu pai e tua mãe" (Êxodo 20.12). Os jovens de hoje acham que isso é coisa do passado, mas Deus ordena que haja esse respeito. As Escrituras dizem: "Não matarás" (Êxodo 20.13). Você pode nunca ter quebrado esse mandamento com uma arma de fogo ou uma faca, mas com certeza já o violou de outra maneira. Se já sentiu ódio de alguém, você é culpado. Podemos matar a nossa própria alma negando ou negligenciando Deus. Podemos matar os outros dando um mau exemplo.

Outro mandamento diz: "Não adulterarás" (Êxodo 20.14). Você pode não ter cometido o ato em si, mas a Bíblia diz que, se olhamos para alguém com desejo no coração, somos culpados da mesma maneira. Uma mulher comete esse pecado quando se veste intencionalmente para atrair um homem. Os pastores têm permanecido calados a esse respeito durante muito tempo. A deterioração moral pode acabar com uma nação mais depressa que qualquer ameaça estrangeira.

A Bíblia diz: "Não furtarás" (Êxodo 20.15). Não é preciso usar uma arma para violar esse mandamento. Nós roubamos Deus nos dízimos e nas ofertas, nos nossos devocionais diários, e quando não guardarmos o Dia do Senhor como deveríamos. Deus também diz: "Não darás falso testemunho contra o teu próximo" (Êxodo 20.16). A desgraça da Igreja cristã de hoje é que não temos amor uns pelos outros. Que Deus tenha misericórdia das pessoas que publicam revistas seculares capazes de acabar com a reputação de um homem só para publicar uma história sensacionalista. Que Deus tenha misericórdia dos editores de alguns periódicos cristãos que gastam todo o seu tempo tentando denegrir outros cristãos.

Todos os seres humanos quebraram esses mandamentos. Todos pecaram, e o castigo é a morte. Mas Cristo pagou a dívida quando morreu na cruz. Se você for à cruz, confessar os seus pecados e renunciar a eles, recebendo o Senhor Jesus pela fé e entregando a ele sua vontade, ele perdoará e esquecerá. Você se tornará uma nova pessoa em Cristo e então começará a crescer como cristão quando se dedicar à leitura da Bíblia, quando gastar tempo em oração, testemunhar e se tornar um membro ativo de sua igreja.

Temos a lei para nos mostrar que precisamos do amor de Deus. Mas a morte de Cristo na cruz fez a expiação dos nossos crimes. Quando pregamos sobre a expiação, estamos falando sobre um resgate planejado por amor, providenciado por amor, dado por amor, concluído por amor e necessário por amor. Quando pregamos a ressurreição de Cristo, estamos pregando o milagre do amor. Quando pregamos sobre a volta de Cristo, estamos pregando a realização completa do amor. A solução para o nosso problema de ter quebrado a lei é, no fim das contas, o amor de Deus oferecido a nós.

4

O CRESCIMENTO CRISTÃO

O que torna alguém um cristão? Se seus pais eram cristãos, isso não torna você um cristão automaticamente. Pais cristãos são maravilhosos, mas eles não podem tomar a decisão pelos filhos. Os filhos têm de fazer isso por si mesmos. Uma pessoa não é cristã só porque é sincera. Certa vez, minha mãe achou que estava me dando remédio para tosse, mas, na verdade, era uma espécie de veneno. Ela era sincera, mas estava sinceramente enganada.

Uma pessoa não é cristã só porque age de acordo com sua consciência. Sua consciência pode estar morta. Você não é cristão por causa dos seus sentimentos. Os sentimentos mudam.

Então, o que torna cristã uma pessoa? Vou dizer. *Um cristão é uma pessoa em quem Cristo habita.* A Bíblia diz: "Cristo em vocês, a esperança da glória" (Colossenses 1.27).

Um cristão é alguém que crê que seus pecados foram perdoados pelo derramamento do sangue de Jesus Cristo. O Diabo tentará fazer você duvidar disso. Por que você pode ter certeza de que seus pecados foram perdoados? Bem, porque Deus afirmou isso, e Deus não pode mentir.

Após tomar a decisão de viver para Cristo, você entra em um período de adaptação. A sua vida mudou. O crescimento cristão precisa começar, a não ser que você queira continuar sendo um bebê espiritual. Algumas pessoas nunca crescem espiritualmente, e muitas das nossas igrejas estão cheias de bebês. Essas pessoas são as mais infelizes da terra, porque não se sentem à vontade com Cristo, e também não se sentem à vontade com o mundo. Elas querem os dois, e isso não dá certo.

De que forma um cristão pode crescer? Vou listar cinco formas. Existem outras, mas estas são as mais importantes.

Crescendo por meio da oração

Em primeiro lugar, o cristão cresce quando ora. Quando você era bebê, teve de aprender a andar. Da mesma forma, você aprende a orar. Deus não espera que as suas palavras sejam perfeitas. Quando ouvi o meu filho, Franklin, dizer "da-da" pela primeira vez, a palavra me pareceu mais bonita que qualquer discurso de Churchill. Mas eu ficaria meio preocupado se ele ainda estivesse dizendo "da-da" aos 12 anos.

É uma vergonha que as nossas igrejas estejam praticamente vazias nas reuniões de oração semanais. Algumas pessoas acham que precisam sentir-se emocionalmente motivadas a orar, do contrário a oração não tem valor. Quem espera sentir vontade de orar, não vai orar nunca — o Diabo se encarregará disso. A Bíblia diz que nós devemos orar "continuamente" (1Tessalonicenses 5.17). Isso significa que podemos manter-nos em espírito de oração enquanto dirigimos o nosso carro, caminhamos na rua, trabalhamos no escritório, ou em qualquer outro lugar ou situação.

Todo cristão precisa de um momento a sós com Deus todos os dias. Sem isso, sua vida espiritual nunca será grande coisa.

As orações devem ser cheias de louvor a Deus, com ações de graças por todas as coisas maravilhosas que ele tem feito. Devemos também fazer um autoexame e confessar as nossas falhas. Deus está interessado em ouvir os nossos pedidos pessoais, não importa quão insignificantes eles sejam. É importante lembrar que devemos orar pedindo que seja feita a vontade de Deus, não a nossa. As pessoas cometem erros. Deus não.

Crescendo por meio da leitura bíblica

Em segundo lugar, um cristão cresce quando lê a Bíblia. Isso deveria acontecer todos os dias, sem falta. A Palavra de Deus purifica o coração.

Muitas pessoas não leem a Bíblia porque não conseguem entender tudo o que está escrito ali. Quero dizer a essas pessoas que elas nunca entenderão a Bíblia inteira. Foi um grande marco na minha vida o dia em que me ajoelhei diante de Deus e admiti que havia muitas coisas na Bíblia que eu não compreendia, mas que, pela fé, eu aceitaria tudo como sendo a Palavra de Deus inspirada. Daquele dia em diante, a Palavra se tornou um fogo ardente na minha alma.

Desligue a televisão e leia a Bíblia. Comece pelo Novo Testamento, se você for um recém-convertido; é mais fácil de entender. Não leia como se estivesse apostando uma corrida, querendo descobrir quantos capítulos consegue vencer num dia. É melhor ler dois ou três versículos e meditar a respeito.

Tenha uma Bíblia com letras grandes. Um dos maiores truques do Diabo é fazer Bíblias com letras tão pequenas que as pessoas não conseguem ler. Embora eu esteja acostumado com uma versão tradicional da Bíblia, recomendo que a maioria das pessoas compre uma boa tradução em linguagem moderna.

Crescendo por meio da autodisciplina

Em terceiro lugar, o cristão cresce quando vive de modo disciplinado. O corpo, a mente e a língua precisam ser disciplinados. Pratique o autocontrole. O Espírito Santo dará a você a força necessária para ser um soldado de Cristo.

Muitas tentações virão para acabar com essa disciplina, mas em Cristo você pode resistir. A Bíblia diz: "Não sobreveio a vocês tentação que não fosse comum aos homens. E Deus é fiel; ele não permitirá que vocês sejam tentados além do que podem suportar. Mas, quando forem tentados, ele lhes providenciará um escape, para que o possam suportar" (1Coríntios 10.13).

O tentador fugirá quando você responder com um versículo das Escrituras. É impossível argumentar ou arrazoar com o Diabo. Jesus, o Filho de Deus, respondeu à tentação, dizendo: "Está escrito...". Certo dia, um garotinho disse uma frase que explica isso muito bem: "Toda vez que a tentação bate na porta, eu peço para Jesus atender".

Crescendo por meio da presença na igreja

Em quarto lugar, o cristão cresce sendo fiel na sua igreja. Ir à igreja não é opcional; é necessário. Deus diz que não devemos deixar de nos reunir.

Hoje em dia, muitas pessoas não vão à igreja no verão porque é muito quente. No inverno, não vão porque é muito frio. Confesso que não sei qual é a temperatura ideal para ir à igreja.

Muitos acham que o pastor está fazendo bem seu trabalho se o culto nunca se prolonga por mais de cinco minutos além do meio-dia. Mas, se passa disso, pensam logo em substituí-lo. Talvez alguns de vocês fiquem surpresos se eu disser que não devemos ir à igreja para ouvir um pregador, e sim para adorar a Deus.

Torne-se membro de uma boa igreja na qual a Bíblia seja pregada e Cristo seja exaltado. Comece a trabalhar para Deus. Junte-se a um grupo de estudo bíblico. Gaste tempo, energia e estudo na igreja e na boa comunhão com outros crentes, e você se surpreenderá com quanto sua dedicação a Deus aumentará.

Crescendo por meio do serviço

Em quinto lugar, o cristão cresce através do serviço. Seja um ganhador de almas. Existe uma diferença entre uma testemunha e um ganhador de almas. Qualquer um pode abordar uma pessoa na rua e disparar: "Irmão, você é salvo?". Mas é preciso fazer mais que isso. Um ganhador de almas é cheio do Espírito de Deus. Ele visita os doentes. Ele dá aos pobres. Ele ama seus inimigos. Ele é gentil com o próximo. Ganha pessoas transmitindo o amor de Deus, não tentando acrescentar mais uma estrelinha no seu boletim espiritual. Temos muitas testemunhas hoje em dia, mas muito poucos ganhadores de almas.

Faça essas cinco coisas, e você se descobrirá vivendo a vida cristã como Deus quer que você viva, e descobrirá também que se tornou obediente ao mandamento de Cristo: "'Ame o Senhor, o seu Deus, de todo o seu coração, de toda a sua alma, de todas as suas forças e de todo o seu entendimento' e 'Ame o seu próximo como a si mesmo' " (Lucas 10.27).

PARTE II

O EVANGELHO É PRECIOSO E PODEROSO

5

O LIVRO QUE NOS DÁ VIDA

Nós, pregadores, tendemos a ler a Bíblia para conseguir munição, e ela é de fato o grande manual em que baseamos a nossa pregação. Mas ela é muito mais que isso. É força, é sustento.

Nesses meus anos de experiência, aprendi que é muito melhor perder o café da manhã que perder o período de meditação na Palavra de Deus. Não que a leitura da Bíblia seja algum tipo de fetiche religioso que traz boa sorte, mas o fato é que me faltam decisão, propósito e orientação quando coloco em segundo plano aquilo que é mais importante que o alimento necessário para o meu corpo.

Há vários anos tenho o hábito de ler cinco salmos e um capítulo de Provérbios diariamente. Os salmos me mostram como me relacionar com Deus. Eles me ensinam a arte do louvor. Eles me revelam como adorar — como habitar "no abrigo do Altíssimo" (Salmos 91.1).

O livro de Provérbios mostra como nos relacionarmos com os nossos semelhantes. Foi a minha mãe quem me ensinou o primeiro versículo da Bíblia que memorizei, e era um versículo de Provérbios: "Reconheça o Senhor em todos os seus caminhos, e ele endireitará as suas veredas" (3.6). Essas 14 palavras constituíram o alicerce da fé que mais tarde transformou a minha vida.

Para mim, é muito importante meditar na Palavra de Deus sem pressa. Quando leio um capítulo e medito nele pela manhã, o Espírito Santo me mostra novas nuances e novos significados que são estimulantes e esclarecedores. Às vezes, a Palavra de Deus causa um impacto tão grande em mim que preciso deixar a Bíblia sobre a mesa, levantar-me e caminhar um pouco para recobrar o fôlego.

Se a Bíblia não nos inspira na privacidade do nosso quarto, podemos estar certos de que as nossas mensagens não atingirão os nossos ouvintes. Se ela não toca o *nosso* coração, nunca tocará o coração *deles*. Se ela não nos mobiliza, nunca mobilizará os nossos ouvintes.

O dia da minha família sempre começava com leitura bíblica e oração. Sei que isso é uma coisa muito antiga, mas respirar, comer e dormir também são. Os empregados da casa se reuniam à família, e todos líamos juntos uma porção da Palavra de Deus, meditávamos nela, fazíamos comentários e depois orávamos.

Em cima da minha escrivaninha, existem muitas coisas: um telefone, um gravador, uma caneta e uma Bíblia, entre outras coisas. Elas estão ali porque funcionam. A Bíblia é um item indispensável. Se algum dia eu chegar ao ponto em que a Bíblia se torne para mim um livro sem importância, sem poder e sem a capacidade de reprovar e repreender o meu coração, então o meu ministério terá acabado, pois a Bíblia tem sido muito mais que o alimento necessário para a minha vida.

6

COMO CRISTO NOS LIBERTA E NOS UNE

É importante que os cristãos analisem constantemente a pessoa e a obra de Jesus, conforme expostas na Bíblia, para saberem como Cristo nos liberta e nos une. Vamos examinar as três perguntas que surgem desse tema.

Quem é Jesus Cristo?

Esta pergunta ecoa repetidas vezes por todo o Novo Testamento, e ainda é a questão central à qual as pessoas de hoje precisam responder. A fé cristã é centrada na pessoa de Jesus Cristo.

Quem é esse Jesus? Precisamos tomar cuidado para não fabricar um Jesus que se adapte às nossas próprias ideias. As pessoas tentaram muitas vezes remodelar Jesus e as Escrituras para ajustá-los aos conceitos e pressupostos do pensamento secular moderno. Mas não se pode fazer isso sem minar a fé cristã. Só existe um Jesus — o Jesus histórico das Escrituras. Nas Escrituras, descobrimos as boas-novas do evangelho: que Deus — o infinito e pessoal Criador do Universo — invadiu este planeta na pessoa de Jesus Cristo. Nascido de modo sobrenatural numa pequena província do Império Romano, Jesus viveu uma vida sem pecado e, através de suas ações, demonstrou o amor de Deus por toda a humanidade. Foi morto numa cruz romana, mas, por causa de sua ressurreição corpórea, os crentes não precisam mais temer os poderes do pecado, da morte e do inferno.

O que significa dizer que Jesus Cristo liberta?

Somos libertos *de* alguma coisa e *para* alguma coisa. A Bíblia declara que o ser humano se rebelou contra seu Criador e se tornou escravo do pecado. Os efeitos dessa rebelião podem ser vistos em toda parte, tanto em vidas humanas destruídas quanto na corrupção da sociedade. Em última análise, todos os problemas humanos — tanto individuais quanto sociais — decorrem da rejeição aos planos de Deus para a humanidade e da tentativa humana de encontrar plena realização longe de seu Criador.

A boa notícia do evangelho é que Deus, em seu amor, agiu em Cristo para libertar os seres humanos da escravidão do pecado, da morte e do inferno. A morte de Cristo na cruz foi o acontecimento mais importante da História. Por meio de sua morte sacrificial, Jesus tornou possível que todas as pessoas se libertem da dominação do pecado e sejam livres para viver uma vida governada por Cristo. A todos quantos se arrependem do pecado e se voltam para Cristo em fé e obediência, o Cristo ressurreto promete perdão e vida, tanto agora quanto eternamente. Um dos gloriosos mistérios do evangelho é que o ser humano só pode obter a liberdade tornando-se escravo de Jesus Cristo.

A liberdade que Cristo traz nunca deve ser confundida com aspirações seculares de liberdade política ou social, por mais válidas que estas sejam. A liberdade que Jesus traz é espiritual, e o crente sabe que esta é a principal necessidade de todas as pessoas. Portanto, embora lute por justiça social em todas as oportunidades, o cristão também deve proclamar a libertação da escravidão espiritual oferecida por Cristo. Jesus rejeitou os esquemas radicais dos zelotes, não porque eles fossem demasiado revolucionários, mas porque eles não eram suficientemente revolucionários. Ele sabia que as pessoas podiam ter liberdade política e continuar escravas do pecado e da culpa. Só podemos alcançar a verdadeira liberdade quando recuperamos o propósito para o qual Deus nos criou.

O que significa dizer que Jesus Cristo une?

A Bíblia diz que um dos efeitos catastróficos da arrogante rebelião contra Deus é a separação, ou isolamento. Essa separação tem duas dimensões. O ser humano está separado de seu Criador e separado de seu semelhante. Em Jesus Cristo, porém, Deus tornou possível a reconciliação do ser humano com Deus e com seus semelhantes. Por meio da fé em Cristo, as pessoas são reconciliadas com Deus; elas se tornam parte da igreja, que consiste em todas as pessoas que compartilham da mesma lealdade ao Jesus Cristo das Escrituras.

Um dos frutos do Espírito Santo na vida do crente é o amor. O cristão não deve mais ver os outros do ponto de vista humano, sejam eles cristãos ou não. O crente é chamado a ver os outros como Deus os vê, e a procurar ministrar às suas necessidades em nome de Cristo. Ele é chamado a estar unido em propósito e amor a todos aqueles que servem a Cristo. É chamado, também, a anunciar, por meio de palavras e ações, as boas-novas do evangelho a todos os que estão fora do povo de Deus, rogando-lhes que se reconciliem com Deus.

Oro para que todos aqueles que carregam o nome de Cristo mergulhem nas Escrituras e descubram ali, de uma forma mais profunda, Jesus Cristo, o Libertador e Reconciliador.

7

REACENDENDO A NOSSA PAIXÃO PELOS PERDIDOS

Onde estão as nossas lágrimas pelos perdidos? Onde está a nossa preocupação com os que se encontram confusos, frustrados, perdidos, enlaçados pelo pecado e destinados ao inferno? Às vezes, parece que as pessoas deixam que qualquer detalhe as impeça de alcançar os que estão perdidos e a caminho da morte. Um exemplo disso foi a nossa campanha de Nova York, em 1957, criticada por extremistas com relação a dois pontos.

Em primeiro lugar, eles criticaram o patrocínio, que incluía o Conselho das Igrejas Protestantes da Cidade de Nova York. Nesse conselho, alguns membros tinham uma visão decididamente modernista das Escrituras. Eu gostaria de deixar algo bem claro aqui: Sempre tive a intenção de ir a qualquer lugar, patrocinado por quem quer que fosse, para pregar o evangelho de Cristo, desde que não houvesse nenhum cerceamento à minha mensagem. Fui patrocinado por clubes cívicos, universidades, associações ministeriais e conselhos de igrejas do mundo inteiro. Nenhuma pessoa em Nova York fez sugestões ou deu palpites na minha mensagem. O que eu preguei ali foi exatamente a mesma mensagem que preguei no mundo inteiro. O centro da minha mensagem foi e sempre será *Jesus Cristo crucificado.*

Em segundo lugar, fomos criticados muitas vezes sobre o que acontece com os convertidos após a cruzada. Aparentemente, os irmãos que dizem essas coisas não têm fé no Espírito Santo. A obra de regeneração é a obra do Espírito Santo. O acompanhamento é trabalho do Espírito Santo. O mesmo Espírito Santo que convenceu e regenerou aquelas pessoas do pecado é capaz de acompanhá-las. Nenhum grupo de pastores em nenhuma cidade grande em nenhum lugar do mundo jamais entrou em acordo sobre o que é uma igreja sadia. Fizemos tudo o que podíamos em matéria de acompanhamento, mas, em última análise, os convertidos estão nas mãos do Espírito Santo. *Ele é mais que competente para cuidar delas até que alcancem a maturidade.* Temos evidências extraordinárias do modo milagroso pelo qual o Espírito Santo levou milhares de pessoas que foram à frente nas reuniões a entregarem o coração a Cristo.

Essa implicância com certas minúcias e a dificuldade de enxergar a questão mais ampla da necessidade de salvar as almas perdidas mostra que muitas pessoas perderam a paixão pela evangelização dos perdidos. Esse fato se revela de muitas maneiras:

Perda da sensibilidade à majestade de Deus. Lidamos com coisas sagradas de uma forma muito técnica e profissional. Precisamos sentir a majestade e a santidade de Deus, como Isaías, Moisés e Daniel sentiram. Se pudéssemos ter um lampejo de Deus hoje, cairíamos prostrados com o rosto no chão, como aconteceu com Pedro, Tiago e João, no monte da Transfiguração, e com Paulo, na estrada de Damasco.

Perda do senso da presença de Deus. Quando Sansão violou seu voto a Deus, ele não percebeu imediatamente que o Senhor se afastara dele. Muitos de nós perdemos o senso da presença e da unção de Deus. Não ministramos mais no poder do Espírito Santo. A nossa mensagem perdeu aquele algo mais que é essencial para que haja poder espiritual.

Perda da sensibilidade à ética pessoal. O cristão deve ser a pessoa mais ética da sociedade. Suas declarações de Imposto de Renda devem ser as mais honestas. O ministro cristão deve apoiar-se em sua honestidade, fidelidade e decoro pessoal. Diante das complexidades da vida moderna, é fácil descuidar desses aspectos.

Perda da simplicidade no amor de uns pelos outros. A marca do discipulado cristão não é a ortodoxia, mas o amor. A ênfase no amor e na união entre o povo de Deus no Novo Testamento é muito maior que o foco na ortodoxia, embora esta seja muito importante.

Perda da importância do escopo da igreja. Nós, evangélicos, às vezes nos portamos como juízes do relacionamento de outra pessoa com Deus. Muitas vezes achamos que uma pessoa não é cristã, a menos que pronuncie os nossos *chiboletes* e clichês exatamente como fazemos. Encontrei cristãos nascidos de novo nos lugares mais estranhos, nas circunstâncias mais incomuns, sem conhecerem a nossa linguagem evangélica particular. Mas o espírito deles testifica ao meu espírito que eles são verdadeiramente filhos de Deus. Rótulos como *fundamentalista* e *liberal* nem sempre refletem o que está no coração.

Perda da separação do mundo. Existe o perigo entre os evangélicos de fazerem concessões ao comportamento de sua época. A linha que separa a igreja do mundo está apagada. As nossas atitudes estão sendo contaminadas pelo espírito do nosso tempo. Corremos o risco de nos rendermos a padrões errados. Embora não devamos ser legalistas, precisamos ser separados do mundo. Mundanismo não é uma lista de coisas, como materialismo, filmes e dinheiro, mas um espírito que está invadindo os nossos lares e a nossa vida através de muitos outros meios. Precisamos fazer uma convocação à separação não só *do* mundo, mas *para* Deus.

Talvez você questione o que isso tem que ver com evangelismo. Tudo isso tem que ver com o compromisso dos cristãos com o Senhor Jesus Cristo. Esse compromisso pessoal é o alicerce do evangelismo. Precisamos ser quem dizemos ser antes de conseguir atrair a atenção daqueles que queremos ganhar para Cristo. Jesus disse: "Se vocês me amam, obedecerão aos meus mandamentos" (João 14.15). E disse também: " 'Ame o Senhor, o seu Deus, de todo o seu coração, de toda a sua alma, de todas as suas forças e de todo o seu entendimento' e 'Ame o seu próximo como a si mesmo' " (Lucas 10.27). Quando amamos a Deus, guardamos seus mandamentos. Quando amamos o próximo, temos paixão em contar-lhe a respeito do Cristo que pode salvar sua alma.

8

O EVANGELHO REVOLUCIONÁRIO

Praticamente toda semana, uma nova revolução acontece em algum lugar do mundo; um regime antigo é deposto e outro assume o poder. A conversão é uma revolução na vida de uma pessoa. As forças do pecado, do egoísmo e do mal são derrubadas de seu lugar de poder supremo. Jesus Cristo é colocado no trono.

Ninguém pode ler o Novo Testamento sem reconhecer que sua mensagem chama à conversão. Jesus disse: "Eu lhes asseguro que, a não ser que vocês se convertam e se tornem como crianças, jamais entrarão no Reino dos céus" (Mateus 18.3). Paulo exortava as pessoas, dizendo: "Reconciliem-se com Deus" (2Coríntios 5.20), e insistia em que Deus agora "ordena que todos, em todo lugar, se arrependam" (Atos 17.30). Paulo via a si mesmo como um embaixador de Cristo, "como se Deus estivesse fazendo o seu apelo por nosso intermédio" (2Coríntios 5.20). Foi Tiago quem disse: "Lembrem-se disso: Quem converte um pecador do erro do seu caminho, salvará a vida dessa pessoa e fará que muitíssimos pecados sejam perdoados" (Tiago 5.20), e Pedro ensinou que nós fomos "regenerados, não de uma semente perecível, mas imperecível, por meio da palavra de Deus, viva e permanente" (1Pedro 1.23).

Quando lemos o Novo Testamento, somos confrontados com muitas histórias de homens e mulheres que tiveram um encontro com Cristo, seja pessoalmente, seja ouvindo a mensagem que ele pregava. Algo acontecia com eles! Cada um tinha uma experiência diferente com Jesus, mas a maioria sofria uma mudança no modo de pensar e nas atitudes, e entrava numa dimensão de vida totalmente nova.

Na minha opinião, não existe uma terminologia técnica para a doutrina bíblica da conversão. Muitas palavras são usadas para descrever ou sugerir esse acontecimento; muitas histórias bíblicas são usadas para ilustrá-lo. Entretanto, após anos estudando a Bíblia e observando milhares de conversões, estou convencido de que a conversão é muito mais que um fenômeno psicológico — ela é a "volta" do ser humano para Deus.

Proclamando a mensagem bíblica

Eu sugeriria três elementos que, combinados, descobri serem os mais eficazes na conversão. O primeiro deles é o uso da Bíblia. A Bíblia precisa mais de proclamação que de defesa, e, quando proclamada, podemos confiar em sua mensagem para levar as pessoas à salvação. Mas ela precisa ser pregada com autoridade. Isso não quer dizer autoritarismo ou dogmatismo; é pregar com total segurança na confiabilidade do *kerigma* (o evangelho original que os apóstolos pregaram). A. M. Chirgwin observou que os reformadores "queriam que todos tivessem a chance de ler a Bíblia porque acreditavam profundamente em seu poder de converter". Pode-se afirmar a mesma coisa com relação a qualquer grande período evangelístico. Não conheço nenhum grande movimento de propagação da igreja de Jesus Cristo que não tenha sido fortemente alicerçado na mensagem da Bíblia.

Lembro-me de quando ouvi uma das mais eletrizantes histórias sobre o poder da Palavra de Deus. Em 1941, um velho indígena da tribo tzeltal, no sul do México, aproximou-se de um jovem chamado Bill Bentley, na aldeia de Bachajon, e disse: "Quando eu estava no Norte, ouvi falar de um livro que trata a respeito de Deus. Você conhece esse livro?". Bill Bentley conhecia. De fato, ele tinha um exemplar; e disse que traduziria o livro para a língua deles, se a tribo lhe permitisse construir uma casa e viver ali.

Nesse meio-tempo, Bill voltou aos Estados Unidos para se casar com sua noiva, Mary Anna Slocum. Juntos, eles planejavam ir para o México perto do fim do ano, quando chegasse o outono no hemisfério norte. Mas, quando o outono chegou, Mary Anna voltou sozinha para o México. Bill havia morrido de repente, seis dias antes do casamento, e Mary Anna pediu o apoio da organização missionária Tradutores Bíblicos Wycliffe para dar continuidade ao trabalho dele. Quando Mary Anna chegou à aldeia de Bachajon, viu que os índios tinham sido incitados contra a missionária branca e, em vez de recebê-la bem, ameaçaram incendiar sua casa, caso ela tentasse morar ali. A jovem foi para outra parte da tribo e, pacientemente, começou a aprender a língua dos nativos, traduzindo porções da Palavra de Deus e compilando um hinário em tzeltal.

Seis anos se passaram, e uma enfermeira chamada Florence Gerdel juntou-se a Mary Anna. Elas montaram uma clínica na qual muitos índios iam buscar tratamento. Mary Anna tinha terminado a tradução do evangelho de Marcos e começara o livro de Atos. Uma pequena capela fora construída pelos índios que haviam abandonado seus ídolos para seguir o Cristo vivo. Na vila de Corralito, no planalto, surgiu um pequeno núcleo que começara com apenas cinco famílias, e eles mandaram chamar as missionárias para que fossem até lá e lhes ensinassem a Palavra de Deus. Mary Anna e Florence foram recebidas calorosamente por todos os 70 crentes, que se sentaram do lado de fora de suas cabanas e, com muita reverência, cantaram a maioria dos hinos do hinário em tzeltal. Em pouco mais de um ano, havia 400 crentes ali. Um dos mais fiéis era o antigo curandeiro, Tomás, um dos primeiros a se desfazer de seus ídolos.

Ao final do ano seguinte, havia mais de mil crentes. Por causa do volume de trabalho para atender um número de pessoas tão grande, Mary Anna progredia pouco na tradução. Preocupados, os índios liberaram o presidente da congregação para ajudar a missionária com a tradução, enquanto se revezavam cuidando de sua lavoura de milho. Quando índios incrédulos queimaram a nova capela que eles haviam construído, os cristãos se ajoelharam nas ruínas fumegantes e oraram por seus inimigos. Nos meses seguintes, muitos daqueles inimigos se converteram verdadeiramente a Cristo.

No final de 1958, havia mais de 5 mil crentes tzeltais em Corralito, Bachajon e outras 20 aldeias da tribo. E o Novo Testamento em tzeltal estava pronto.

Mary Anna Slocum e outra missionária se mudaram para a tribo Chol, onde havia um pequeno grupo de crentes que precisavam desesperadamente da Palavra de Deus em sua própria língua. Outros vieram ajudar. Os índios fizeram um mutirão de voluntários para construir uma pista para o avião da missão. À medida que os crentes se multiplicavam, capelas de todos os tamanhos foram surgindo na região.

Quando o Novo Testamento em Chol ficou pronto, havia mais de 5 mil de crentes e 30 congregações naquela tribo. Cem jovens foram treinados para pregar e ensinar, e muitos aprenderam a executar procedimentos médicos simples. Um dos missionários escreveu o seguinte:

> Antigamente, esses índios tinham dívidas com os fazendeiros mexicanos que eram donos dos grandes cafezais da região. Também vendiam cachaça. Antes da conversão, os índios eram bêbados endividados com os latifundiários. Os donos das terras os forçavam a trabalhar em suas plantações para pagar suas dívidas. Depois que se converteram, os índios pararam de beber, liquidaram as dívidas e começaram a plantar suas próprias lavouras de café. O café dos fazendeiros ficou sem gente para fazer a colheita. Por causa disso, os fazendeiros se viram forçados a vender a terra para os índios e a deixar a região.

Que tremenda ilustração do poder das Escrituras! Estou mais convicto que nunca de que as Escrituras não precisam ser defendidas, e sim proclamadas.

Uma teologia cristocêntrica

O segundo elemento do evangelismo eficaz é uma teologia de evangelismo bem definida — não tanto uma teologia nova, mas uma ênfase especial em certos aspectos teológicos que têm feito parte do cerne da igreja ao longo de sua história, tanto no ramo católico quanto no protestante. É a teologia cujo foco está na pessoa e na obra de Cristo em prol dos que estão separados de Deus; a teologia que convida os pecadores a se reconciliarem com Deus.

O dr. D. T. Niles escreveu:

> Não é possível entender o evangelismo cristão sem uma análise da natureza da proclamação cristã. Ela não é uma afirmação de ideais que as pessoas devem testar e praticar; não é uma explicação sobre a vida e seus problemas, que é motivo de controvérsia para muitos, mas algo com que, de alguma forma, todos precisam concordar. Ela não é nada disso. É o anúncio de um acontecimento que as pessoas precisam aceitar. "Deus o fez Senhor e Cristo".[1] Esse pronunciamento tem um caráter definitivo, que independe da opinião e da escolha do ser humano.[2]

Dependência do Espírito Santo

O terceiro elemento do evangelismo eficaz é ter consciência de que a conversão é uma transformação sobrenatural produzida pelo Espírito Santo, que comunica a verdade. Em toda conferência evangelística, temos discutido "como transmitir o evangelho hoje em dia". Precisamos lembrar-nos sempre de que o Espírito Santo é o agente comunicador.

Sem a obra do Espírito Santo não haveria conversão. A Bíblia ensina que essa é uma obra sobrenatural de Deus. É o Espírito Santo que convence as pessoas do pecado. Jesus disse: "Quando ele vier, convencerá o mundo do pecado, da justiça e do juízo" (João 16.8). É o Espírito Santo que dá vida nova. "Não por causa de atos de justiça por nós praticados, mas devido à sua misericórdia, ele nos salvou pelo lavar regenerador e renovador do Espírito Santo" (Tito 3.5).

Existe um mistério num dos aspectos da conversão que nunca fui capaz de decifrar, e jamais li um livro de teologia que trouxesse uma explicação satisfatória desse ponto. Trata-se da relação entre a soberania

---

[1] Atos 2.36. [N. do R.]
[2] NILES, D. T. **That They May Have Life**. New York: Harper and Brothers, 1951.

de Deus e o livre-arbítrio humano. Parece-me que ambos são ensinados na Bíblia e ambos estão envolvidos na conversão. Não há dúvida de que Deus nos manda proclamar o evangelho, e de que o ser humano é exortado a aceitá-lo.

Esse ato, porém, não encerra o assunto. É só o começo! A Bíblia ensina que o Espírito Santo passa a morar em cada coração que crê (1Coríntios 3.16). É o Espírito Santo que produz o fruto do Espírito: amor, alegria, paz, paciência, amabilidade, bondade, fidelidade, mansidão e domínio próprio (Gálatas 5.22,23). É o Espírito Santo que nos guia e nos ensina quando estudamos a Bíblia (Lucas 12.12). A Bíblia também diz que devemos deixar-nos "encher pelo Espírito" (Efésios 5.18). A expansão missionária da igreja nos primeiros séculos foi resultado da Grande Comissão (Mateus 28.19,20), mas também, em grande parte, da compulsão exultante gerada no coração dos crentes no dia de Pentecoste. As pessoas tinham sido preenchidas com o Espírito. Aquele grande acontecimento foi uma experiência tão transformadora que elas não precisaram reportar-se a uma ordem anterior para dar início à atividade missionária. Foram espontaneamente impelidas a proclamar o evangelho.

Embora não haja dúvida de que algumas pessoas têm um dom carismático para o evangelismo, dado pelo Espírito Santo (Efésios 4.11), ainda assim, em certo sentido, todo cristão deve ser um evangelista. Em pouco mais de dez anos, Paulo organizou igrejas em quatro províncias do Império Romano: Galácia, Macedônia, Acaia e Ásia. Antes de 47 d.C., não havia igrejas nessas províncias. Por volta de 57 d.C., Paulo considerava concluído seu trabalho ali, e já podia planejar longas incursões rumo ao Ocidente sem temer que as igrejas que ele havia organizado se desintegrassem em sua ausência. Essa velocidade e essa eficiência na implantação de igrejas não podem ser explicadas sem considerar a operação do Espírito Santo e sem supor que cada crente tivesse a noção exata de sua responsabilidade pessoal no evangelismo.

A responsabilidade missionária era parte integrante dos cargos mais importantes dentro da igreja primitiva. Cada bispo deveria ser um evangelista e incentivar a evangelização dos pagãos em sua própria diocese.

Alguns dos mais importantes missionários do período pós-apostólico foram: Gregório Taumaturgo, do Ponto, que se tornou bispo em 240 d.C. e desenvolveu um trabalho evangelístico bem-sucedido em sua diocese; Gregório, o Iluminador, da Armênia, que comandou uma conversão em massa; Vúlfilas, que pregou aos godos; o entusiástico Martinho de Tours; Ambrósio de Milão; e Agostinho de Hipona. Quase todos esses homens se haviam convertido ao cristianismo e propagaram sua nova fé com um zelo cheio do Espírito, como o que caracterizou a era apostólica.

Creio que, se o clero de hoje fosse cheio do Espírito e saísse ao encontro das pessoas, até mesmo nas esquinas, proclamando o evangelho no poder do Espírito Santo, veríamos a aurora de uma nova era para a igreja. Paulo disse que, em Corinto, não usou palavras difíceis nem linguagem persuasiva. Explicou: "Pois decidi nada saber entre vocês, a não ser Jesus Cristo, e este, crucificado" (1Coríntios 2.2). Ele estava certo de que havia poder na cruz e na ressurreição para transformar um indivíduo e uma sociedade.

A conversão é o impacto do *kerigma* sobre o ser humano como um todo, convencendo seu intelecto, aquecendo suas emoções e fazendo que sua vontade aja com decisão! Não tenho dúvida de que, se cada cristão do mundo começasse de repente a proclamar o evangelho e a conquistar outras pessoas para um encontro com Jesus Cristo, o efeito sobre a sociedade seria revolucionário.

9

A IMPORTÂNCIA CRUCIAL DO EVANGELISMO

O mundo está pegando fogo, e sem Deus a humanidade não pode apagar o incêndio. Os demônios do inferno estão soltos. As chamas da paixão, da cobiça, do ódio e da luxúria estão varrendo o mundo. Parecemos estar loucamente nos precipitando em direção ao Armagedom. Vivemos em meio a crises, perigos, medo e morte. Sentimos que algo está prestes a acontecer. Sabemos que as coisas não podem continuar como estão.

A perspectiva de um mundo cuja população cresce numa velocidade alucinante tem provocado pesadelos em governantes, sociólogos, filósofos e teólogos. Por exemplo, a população mundial atualmente é de cerca de 7 bilhões de pessoas, e está crescendo à taxa de 1 bilhão a cada 13 anos.[1] Os cientistas alertam sobre a "aglomeração patológica" — um mundo no qual não só a doença e a pobreza nos espreitam, mas também problemas psicológicos assustadores e problemas políticos insolúveis.

A própria pressão da explosão populacional está provocando um aumento das tensões raciais e religiosas no mundo inteiro. Se o amor sobrenatural de Deus não controlar os corações humanos, podemos estar à beira de uma guerra racial ou religiosa de proporções mundiais cuja mera conjectura nos deixa horrorizados. A explosão populacional também está aumentando as diferenças ideológicas entre as pessoas. De fato, o mundo se tornou uma vizinhança sem ter se tornado uma irmandade.

---

[1] Population Reference Bureau's 2010 World Population Data Sheet.

Cientistas, educadores e editores tornaram-se "evangelistas", proclamando a sinistra mensagem do desespero amargo e cético.

As páginas de praticamente todo jornal ou livro gritam: "Está na hora da colheita!". Nunca antes o solo do coração e da mente humanos esteve tão preparado. Nunca o grão esteve tão maduro. Nunca tivemos instrumentos mais eficientes para nos ajudar a fazer a colheita. Contudo, na época em que os campos estão maduros como nunca, a Igreja está toda emaranhada em trágica confusão.

Há muitos anos, eu estava com um grupo de membros do Conselho Mundial de Igrejas em Bossy, na Suíça, e um alto funcionário disse que, se aquele grupo tivesse de adotar uma definição de evangelismo, o conselho se desagregaria. Profundas divergências teológicas tornam praticamente impossível estabelecer uma definição de evangelismo e traçar para a Igreja diretrizes bíblicas cuja autoridade seja reconhecida por todos. No entanto, para que a Igreja cumpra a comissão de evangelizar o mundo, dada pelo Senhor em Mateus 28, precisamos chegar a um entendimento claro das responsabilidades evangelísticas e missionárias da Igreja. Com essa finalidade, quero abordar os pontos controversos que vejo com relação ao evangelismo, e então propor uma solução bíblica.

O que significa evangelismo?

Em primeiro lugar, existe uma confusão por toda a Igreja sobre o próprio significado da palavra evangelismo. Definições são criadas para se ajustarem a gostos pessoais. Alguns pensam em evangelismo apenas como um meio de levar as pessoas à igreja. Outros acham que significa ajustar as pessoas a um padrão de crença religiosa e comportamento semelhante aos seus. Algumas definições novas de evangelismo omitem completamente o levar as pessoas a terem um encontro pessoal com Jesus Cristo. Seus proponentes encaram o evangelismo como uma ação social apenas. O secretário de evangelismo de uma das grandes denominações americanas disse há alguns anos: "A redenção do mundo não depende das almas que ganhamos para Cristo [...]. Não pode haver salvação individual [...]. Salvação tem mais que ver com a sociedade como um todo que com a alma individual [...]. Não devemos contentar-nos em ganhar pessoas uma a uma [...]. O evangelismo contemporâneo está se afastando do modelo de ganhar almas uma a uma, passando para a evangelização de estruturas da sociedade".

Não podemos aceitar essa interpretação de evangelismo. O evangelismo tem implicações sociais, mas seu alvo primário é conduzir homens e mulheres a um relacionamento pessoal com Jesus Cristo.

Tem ocorrido uma mudança no entendimento da natureza e da missão da igreja, passando de "a igreja *tem* uma missão" para "a igreja *é* uma missão". A ênfase deixou de estar na natureza espiritual da tarefa da igreja e passou a ser colocada na reforma secular. Esse novo "evangelismo" leva muitas pessoas a rejeitarem a ideia de conversão em seu significado bíblico histórico, e a colocarem a educação e a reforma social no lugar da obra do Espírito Santo, que é a conversão e a transformação do indivíduo. Essas ideias teriam deixado horrorizados os pregadores e líderes da Igreja de um século atrás — para não mencionar os evangelistas do século I.

Os primeiros cristãos saíam por terra e mar para espalhar o "evangelho", as boas-novas de que Deus estava reconciliando o mundo consigo mesmo, por intermédio de Cristo. Esse fenômeno de pessoas resgatando outras para Cristo é enfatizado no Novo Testamento pelo fato de que o verbo grego para "evangelizar" é usado 52 vezes, e a forma substantiva de "boas-novas" ou "evangelho" é usada 74 vezes. A igreja primitiva proclamava ao mundo: "Nós encontramos esperança para o desespero, vida para a morte, perdão para a culpa, propósito para a existência!". Ela gritava ao mundo: "Nós encontramos tudo isso, e temos de repartir com os outros!". Esse era o evangelismo da igreja primitiva.

Acredito que não existe uma definição melhor de evangelismo que a apresentada pelo Conselho Missionário Internacional em Madras, em 1938: "O evangelismo [...] tem de apresentar Cristo Jesus no poder do Espírito Santo de tal forma que as pessoas venham a depositar sua confiança em Deus por intermédio dele, a aceitá-lo como seu Salvador e a servi-lo como seu Senhor, na comunhão de sua igreja".

Evangelismo significa testemunhar com a alma radiante e o objetivo de levar as pessoas a conhecerem Jesus Cristo de uma forma que garanta a sua salvação.

Certo dia, um evangelista leigo se aproximou de uma mulher num hotel de Boston e disse: "A senhora conhece Jesus Cristo?". Quando ela contou o fato ao marido, ele comentou: "Por que você não respondeu que isso não era problema dele?". E, então, a mulher retrucou: "Se você tivesse visto a expressão no rosto dele e ouvisse a maneira sincera com que ele falava, acharia que aquilo era, sim, problema dele".

Que Deus nos dê um amor assim pelas almas! Vamos pedir a Deus que aqueça o nosso coração e inflame a nossa alma até sentirmos uma paixão ardente pelos perdidos.

O motivo do evangelismo

Não existe confusão apenas sobre o significado de "evangelismo"; existe confusão também sobre o motivo pelo qual devemos evangelizar. Não deveria haver nenhuma dúvida de que o comandante-chefe, o Cabeça da Igreja, *o Senhor Jesus Cristo, deu uma ordem*. Não atender à sua ordem é desobediência proposital. Três dos quatro Evangelhos terminam com uma comissão dada à Igreja para evangelizar o mundo.

Em Atos 1.8 está escrito: "Mas receberão poder quando o Espírito Santo descer sobre vocês, e serão minhas testemunhas em Jerusalém, em toda a Judeia e Samaria, e até os confins da terra". No fim da caminhada para Emaús, que é o clímax também do evangelho de Lucas, o Senhor, abrindo o entendimento de seus companheiros para compreenderem as Escrituras, diz: "Está escrito que o Cristo haveria de sofrer e ressuscitar dos mortos no terceiro dia, e que em seu nome seria pregado o arrependimento para perdão de pecados a todas as nações, começando por Jerusalém" (Lucas 24.46,47).

A ordem dada em Atos 1.8 inclui tudo e abrange o evangelismo em todas as circunstâncias. "Os confins da terra" representam toda e qualquer situação possível — levando em conta toda língua, povo, raça e até crença religiosa. Não há sincretismo aqui! Existe uma exclusividade no evangelho da qual não se pode abdicar. Se não houvesse nenhum outro motivo para ir até os confins da terra proclamando o evangelho e ganhando almas, a ordem de Cristo seria suficiente! Obedecer não é opcional. Somos embaixadores cumprindo ordens.

O segundo motivo para o evangelismo é *o exemplo da pregação dos apóstolos*. No cerne da pregação havia um objetivo evangelístico.

O terceiro motivo para o evangelismo deveria ser que *o amor de Cristo nos constrange*, como disse Paulo em 2Coríntios 5.14. A coisa mais importante que já nos aconteceu como cristãos foi termos aceitado Cristo como Senhor e Salvador. Queremos compartilhar isso com os outros imediatamente.

Uma das maiores catástrofes da nossa época é o fato de tantas pessoas que se dizem cristãs não terem desejo de contar aos outros o que aconteceu em sua vida. O dr. James S. Stewart, de Edimburgo, disse o seguinte: "O verdadeiro problema do cristianismo não é o ateísmo nem o ceticismo, mas o crente que não testemunha e tenta contrabandear sua alma para o céu".

O quarto motivo que temos para evangelizar é *a aproximação do dia do juízo*. O apóstolo Paulo disse: "Uma vez que conhecemos o temor ao Senhor, procuramos persuadir os homens" (2Coríntios 5.11). O pano de fundo do evangelho de Jesus Cristo não é só o amor de Deus, mas também sua ira! À luz solene do dia do juízo, a maior necessidade do ser humano é a reconciliação com Deus. Cristo tomou sobre si os nossos pecados na cruz para que nós, pela fé que temos nele, nos reconciliássemos com Deus.

Isso nos leva a um dos mais importantes focos de confusão na missão da igreja atualmente: Será que os seres humanos estão realmente perdidos? A grande massa da teologia moderna não crê nisso. Os vários matizes de universalismo disseminados dentro da Igreja conseguiram enfraquecer o evangelismo e tirar o ânimo do movimento missionário, mais que qualquer outra coisa.

Creio que a Bíblia ensina que, fora de Jesus Cristo, os seres humanos estão perdidos! Há muitos problemas e muitos mistérios aqui, e não temos tempo para tratar desse assunto em minúcias. Em Mateus 7.21-23, nosso Senhor diz a alguns homens: "Afastem-se de mim". Aí está o juízo final!

Ele disse também: "Quem não crê já está condenado" (João 3.18). Não dá para ser mais claro que isso! Para mim, a doutrina de que haverá um julgamento futuro em que os seres humanos terão de prestar contas a Deus é claramente ensinada nas Escrituras.

O quinto motivo para evangelizar é o conjunto das *necessidades espirituais, sociais e morais dos seres humanos*. "Jesus compadeceu-se deles" é frase usada mais de uma vez nos Evangelhos.[2] Ele via as pessoas não apenas como almas separadas de Deus pelo pecado, mas também como corpos doentes que precisavam de cura, estômagos vazios que precisavam de comida, portadores de preconceitos raciais que precisavam de sua Palavra (por exemplo, o acontecimento em Cafarnaum, narrado em Mateus 8, e a história do bom samaritano, contada por ele em Lucas 10). Portanto, o evangelismo tem uma responsabilidade social.

As necessidades sociais, psicológicas, morais e espirituais dos outros se tornam motivação urgente para o evangelismo. Entretanto, estou convicto de que, se a igreja voltasse à sua tarefa primordial de proclamar o evangelho e levar pessoas a se converterem a Cristo, isso teria um impacto maior sobre as necessidades sociais, morais e psicológicas dos indivíduos que qualquer outra coisa que ela possa fazer. Alguns dos maiores movimentos sociais da História ocorreram porque homens e mulheres se converteram a Cristo. Por exemplo, a conversão de Wilberforce levou à libertação dos escravos. Existem outras centenas de exemplos recentes. Cometemos o erro de colocar o carro adiante dos bois. Exortamos as pessoas a amarem umas às outras antes que elas tenham capacidade de fazerem isso. Essa capacidade só se desenvolve através de um relacionamento pessoal com Jesus Cristo.

A mensagem do evangelismo

Já discutimos a confusão acerca do significado e do motivo do evangelismo; mas *existe também confusão a respeito da mensagem do evangelismo*. Existe uma pressão cada vez maior para adaptar a mensagem cristã às mentes

---

[2] V., p. ex., Lucas 7.13. [N. do R.]

e aos corações turvados pelo pecado; uma pressão para que se dê mais importância às necessidades materiais e físicas, distorcendo a necessidade espiritual, que é comum a todas as pessoas. Esse deslocamento de ênfase está, na verdade, transformando o cristianismo num novo humanismo.

A grande questão hoje é: Será que o evangelho do século I é relevante para o século XXI? Ou será que ele não tem muito a dizer à humanidade hoje, como alguns teólogos radicais querem que acreditemos?

O apóstolo Paulo resume o evangelho em 1Coríntios 15.1-4:

> Irmãos, quero lembrar-lhes o evangelho que lhes preguei, o qual vocês receberam e no qual estão firmes. Por meio deste evangelho vocês são salvos, desde que se apeguem firmemente à palavra que lhes preguei; caso contrário, vocês têm crido em vão.
>
> Pois o que primeiramente lhes transmiti foi o que recebi: que Cristo morreu pelos nossos pecados, segundo as Escrituras, foi sepultado e ressuscitou ao terceiro dia, segundo as Escrituras.

Quando Paulo pregou essa mensagem em Corinto, não havia nada que parecesse mais irrelevante para as pessoas da época. No entanto, o Espírito Santo usou essa mensagem e transformou a vida de muitos naquela cidade. O dr. James Stewart comenta: "A força motriz das primeiras missões cristãs não foi a propaganda de belos ideais da fraternidade humana, mas sim a proclamação dos poderosos atos de Deus. No cerne da mensagem dos apóstolos estava o sacrifício de expiação realizado no Calvário".[3]

O próprio apóstolo Paulo disse:

> Pois a mensagem da cruz é loucura para os que estão perecendo, mas para nós, que estamos sendo salvos, é o poder de Deus. [...] Acaso não tornou Deus louca a sabedoria deste mundo? Visto que, na sabedoria de Deus, o mundo não o conheceu por meio da sabedoria

---

[3] STEWART, James S. **Heralds of God**. New York: Charles Scribner's Sons, 1946.

humana, agradou a Deus salvar aqueles que creem por meio da loucura da pregação (1Coríntios 1.18-21).

Portanto, a mensagem do evangelho que precisamos proclamar ao mundo é esta: Cristo morreu pelos nossos pecados; foi ressuscitado dentre os mortos; você precisa converter-se, abandonando os seus pecados e pondo sua fé em Jesus Cristo como seu Salvador!

O inimigo do evangelismo

Existe confusão a respeito da estratégia do inimigo do evangelismo. Para Jesus e os apóstolos, Satanás era bem real. Ele era chamado de "o príncipe deste mundo", "o deus desta era" e "o príncipe do poder do ar".[4] Os nomes usados para se referirem a ele indicam um pouco do seu caráter e da sua estratégia: "enganador", "mentiroso", "homicida", "acusador", "tentador",[5] e muitos outros.

A maior estratégia de Satanás é o engano. Sua investida mais bem-sucedida tem sido fazer que os teólogos modernos neguem sua existência. O apóstolo Paulo afirmou: "O próprio Satanás se disfarça de anjo de luz" (2Coríntios 11.14).

Quando a semente do evangelho está sendo semeada, Satanás sempre está lá, semeando o joio. Ele também tem o poder de cegar o entendimento daqueles que estamos tentando evangelizar: "O deus desta era cegou o entendimento dos descrentes, para que não vejam a luz do evangelho da glória de Cristo, que é a imagem de Deus" (2Coríntios 4.4). Sua estratégia é usar engano, força, maldade e terror para destruir a eficácia do evangelho. Se desconhecemos a existência de Satanás, ou ignoramos suas artimanhas, caímos em sua armadilha astuciosa. Contudo, temos a gloriosa promessa de que "aquele que está em vocês é maior do que aquele que está no mundo" (1João 4.4).

---

[4] João 12.31; 2Coríntios 4.4; Efésios 2.2. [N. do R.]
[5] 2João 7; 1João 2.22; João 8.44; Jó 1.6 (v. nota de rodapé); Mateus 4.3. [N. do R.]

O método do evangelismo

Também existe confusão sobre o método do evangelismo. As nações do mundo são diferentes no que se refere à sua atitude em relação a Jesus Cristo e à sua disposição de aceitar o evangelho. No entanto, nas minhas viagens ao redor do mundo, descobri que, embora a abordagem possa ser diferente aqui e ali, as necessidades espirituais das pessoas são as mesmas. Eu não falava a operários como operários, a estudantes universitários como estudantes universitários, a africanos como africanos, ou a americanos como americanos. Eu falava a todos como pessoas necessitadas de redenção e salvação.

O evangelista Leighton Ford elaborou uma lista com seis métodos de evangelização encontrados no Novo Testamento:

1) *evangelismo de massas* — o tipo de evangelismo praticado por João Batista, Pedro, Jesus, Estêvão e Paulo; 2) *evangelismo pessoal* — os Evangelhos registram 30 conversas pessoais só de Jesus; 3) *evangelismo de improviso* — Jesus no poço, Pedro e João na porta Formosa; 4) *evangelismo em diálogo* — Paulo no Areópago, Apolo em Éfeso (Atos 18.24); 5) *evangelismo sistemático* — os 70 enviados dois a dois por Jesus, a visitação de porta em porta mencionada em Atos 5.42; e 6) *evangelismo literário* — João 20.31 e Lucas 1.1—4 expõem claramente as intenções evangelísticas e apologéticas dos escritores desses Evangelhos.

Não existe um método único que seja sempre adequado a todas as pessoas, em qualquer situação, mas sempre será possível aplicar um deles, de acordo com a circunstância, em qualquer época! O Espírito Santo pode escolher qualquer método e usá-lo para ganhar almas.

O nosso alvo não é outro senão o de alcançar o mundo inteiro. Jesus disse: "E este evangelho do Reino será pregado em todo o mundo como testemunho a todas as nações, e então virá o fim" (Mateus 24.14). Nessa passagem, o evangelismo é posto num contexto escatológico. Não temos a promessa de que o mundo todo crerá. A evangelização não significa que todas as pessoas se converterão, mas que todas terão a oportunidade de fazê-lo ao serem confrontadas com Cristo.

A maioria das ilustrações do evangelho usadas por Jesus — sal, luz, pão, água, fermento, fogo — tem um elemento em comum: sua capacidade de convencimento. Portanto, o cristão só é fiel ao seu chamado quando ele avança pelo mundo inteiro. E não só geograficamente; temos de avançar no governo, nas escolas, no trabalho, em casa, na indústria do entretenimento, no meio dos intelectuais, dos trabalhadores, das pessoas incultas.

O mundo precisa desesperadamente de uma reforma moral e, se quisermos uma reforma moral, a maneira mais rápida e segura de consegui-la é por meio do evangelismo. O evangelho transformador de Jesus Cristo é o único modo de reverter o declínio moral dos tempos atuais.

David Brainerd escreveu no diário de sua vida entre os índios norte-americanos: "Descobri que, após o meu povo ser envolvido por essa grande doutrina evangélica de Cristo crucificado, não precisei mais dar-lhes instruções sobre moralidade. Descobri que uma era fruto certo e inevitável da outra".[6]

Nós queremos reformas sociais? A pregação da cruz e da ressurreição foi a principal responsável por promover o sentimento humanitário e a consciência social nos últimos quatrocentos anos. A reforma do sistema prisional, a proibição do tráfico de escravos, a abolição da escravatura, a cruzada pela dignidade humana, a luta contra todas as formas de exploração — tudo isso tem sido resultado dos grandes avivamentos religiosos e da conversão de muitas pessoas. A pregação da cruz é mais poderosa para desencadear uma revolução social que qualquer outro método.

Nós queremos unidade entre os cristãos do mundo inteiro? Então, vamos evangelizar! Creio que as cruzadas evangelísticas, em que milhares de pessoas de várias denominações se reuniram para evangelizar, foram algumas das maiores demonstrações de ecumenismo que o mundo já viu. Nessas reuniões, existe uma dedicação, um zelo e um espírito que não se veem em outros eventos.

---

[6] BRAINERD, David, **The Life and Diary of David Brainerd with Notes and Reflections**, ed. Jonathan Edwards.

Entretanto, a nossa maior necessidade *não é* a unidade organizacional. A nossa maior necessidade é que a igreja seja batizada com o fogo do Espírito Santo e saia proclamando o evangelho por todo o mundo. Precisamos, em primeiro lugar, ter unidade no evangelho. Oito cilindros num carro não são melhores que quatro, se a bateria está descarregada e o tanque está sem gasolina.

Contudo, a questão é: Será que a igreja pode ser reavivada a fim de completar seu avanço no mundo na nossa geração?

O reavivamento de que a igreja precisa tão desesperadamente não pode ser organizado e realizado por meios humanos. Não pode ser criado com tecnologia. Os dois símbolos do Pentecoste são o vento e o fogo. Ambos nos falam da operação mística e sobrenatural do Espírito Santo no avivamento. O significado da palavra "avivar" no Antigo Testamento é "recuperar", "retornar" aos padrões que Deus estabeleceu para seu povo. No Novo Testamento, a palavra usada para "avivar" significa "revolver" ou "atiçar uma fogueira que está se apagando".

O cristão sente continuamente a pressão do mundo, da carne e do Diabo. Por isso Paulo exortou o jovem Timóteo, dizendo "mantenha viva a chama do dom de Deus" (2Timóteo 1.6). Até mesmo os membros da igreja primitiva precisavam de avivamento. No capítulo 2 de Atos, vemos que os crentes ficaram cheios do Espírito Santo quando estavam reunidos no cenáculo. No entanto, no capítulo 4, vemos que eles foram cheios novamente: "Depois de orarem, tremeu o lugar em que estavam reunidos; todos ficaram cheios do Espírito Santo e anunciavam corajosamente a palavra de Deus" (Atos 4.31).

Nas minhas viagens ao redor do mundo, encontrei muitos líderes cristãos sinceros que acreditavam ser impossível ocorrer um avivamento mundial. Eles se baseavam na passagem da Bíblia que diz que "nos últimos dias sobrevirão tempos terríveis" (2Timóteo 3.1). Eles reconheciam que o evangelho não perdeu nem um pouco de seu poder de salvar, e que aqui e ali algumas almas serão salvas. Mas, na opinião deles, não haverá outros derramamentos do Espírito Santo até o fim da nossa era. Para eles, isso é algo completamente fora dos planos e propósitos de Deus para sua

Igreja, e não faz sentido orar por um poderoso avivamento e esperar que ele ocorra.

Irmãos, não creio que a época dos milagres já passou. Enquanto o Espírito Santo habitar e operar na terra, o potencial da Igreja será idêntico ao da era apostólica. O grande Paracleto — o Espírito Santo — nunca foi retirado e ainda espera operar por meio daqueles que estão dispostos a aceitar suas condições de arrependimento, humildade e obediência.

Estou certo de que Deus pode tocar o mundo na nossa geração. Se atendermos a seus requisitos, ele nos enviará um período de refrigério, avivamento e despertamento.

Depois de quinze anos na China, Jonathan Goforth chegou à grave e dolorosa conclusão de que Deus tinha algo maior a fazer em sua vida e em seu ministério. Sua inquietação aumentava à medida que ele estudava minuciosamente as Escrituras, procurando aprender mais sobre a questão do avivamento. Após meses de estudo e oração, ele começou a crer que Deus cumpriria sua Palavra no campo missionário mais difícil do mundo. Aquele foi o início do grande avivamento da Manchúria.

Henry Martyn escreveu certa vez: "Se, algum dia, eu vir um hindu que creia verdadeiramente no Senhor Jesus, estarei vendo a coisa mais próxima da ressurreição de um morto".[7] Mas Martyn seguiu em frente, mantendo a fé e crendo nas promessas de Deus, e viveu para ver o dia em que Deus começou a operar entre os hindus.

Há momentos em que nos sentimos tentados a clamar como Habacuque: "Até quando, SENHOR, clamarei por socorro, sem que tu ouças?" (Habacuque 1.2). O profeta estava desanimado diante dos imensos obstáculos que dificultavam a obra do Senhor. Ele já estava chegando ao desespero. Deus lhe deu uma resposta extraordinária: "Nos dias de vocês farei algo em que não creriam, se lhes fosse contado" (Habacuque 1.5). Em outras palavras, Deus estava dizendo ao desanimado profeta: "Se eu lhe dissesse o que estou fazendo no mundo, você não acreditaria".

---

[7] SMITH, George. **Henry Martyn**: Saint and Scholar. London: The Religious Tract Society, 1892. p. 224.

A humanidade é composta de diferentes contextos raciais, linguísticos e culturais — mas, diante de Deus, considerando as nossas necessidades espirituais, somos uma única espécie! Temos somente um evangelho para proclamar em todas as gerações: "Que Deus em Cristo estava reconciliando consigo o mundo" (2Coríntios 5.19). Temos uma tarefa: avançar no mundo inteiro, na nossa geração, com o evangelho! Deus nos ajude a entender e a cumprir melhor a nossa missão.

10

POR QUE A PALAVRA É TÃO IMPORTANTE?

O dia está abafado, e uma brisa quente forma pequenos redemoinhos de poeira na estrada sinuosa que margeia o mar da Galileia. Há um quê de expectativa no ar. Ouve-se um ruído constante de vozes que se alvoroçam, num tom mais agudo e animado, quando alguém avista um conhecido. Pessoas seguem juntas, vindas de todos os lados, em pequenos grupos. Correu a notícia de que Jesus está voltando para a Galileia.

De repente, ele e seu pequeno grupo de seguidores surgem no alto de uma pequena colina, na estrada de Cafarnaum. Atrás deles, vem uma multidão de pessoas vindas de Decápolis, de Jerusalém, da Judeia e dalém do Jordão.

Logo a palavra corre de boca em boca: "Jesus está chegando". Num instante, multidões de Betsaida e Cafarnaum juntam-se aos demais. Todos seguem o pequeno grupo de 13 homens, modestamente vestidos com mantos soltos. Ao chegarem ao topo da colina, onde o vento suave alivia o calor escaldante, Jesus para e faz um gesto para que todos se sentem e descansem. A atmosfera é tensa. Este é um momento para ser registrado e guardado por toda a eternidade. A multidão se aquieta enquanto Jesus sobe numa grande pedra e se senta. O silêncio cai pesadamente sobre todos, e eles olham fixamente para Jesus, em grande expectativa. Então, seus lábios se movem, e ele começa a falar.

O que Jesus estava dizendo ali, naquele "monte das Bem-aventuranças", na distante Palestina, iluminaria as páginas da História. As mais profundas e sublimes palavras jamais pronunciadas foram ditas naquele dia. Em termos simples, Jesus revelou a seus ouvintes boquiabertos a profundidade dos mandamentos de Deus e uma nova maneira de viver!

Ninguém que ouvisse Jesus falar continuava do mesmo jeito. Qual era o segredo daquele mestre exemplar? Como ele conseguia prender a atenção das multidões?

"Quando Jesus acabou de dizer essas coisas, as multidões estavam maravilhadas com o seu ensino, porque ele as ensinava *como quem tem autoridade*, e não como os mestres da lei" (Mateus 7.28,29, grifo nosso). Será que parte do segredo do ministério terreno de Cristo não está justamente nesse tom de autoridade?

Os profetas e a revelação

Os grandes profetas do passado também falavam com autoridade. O impacto de sua pregação não pode ser atribuído ao simples uso de uma retórica de autoridade. O tom de autoridade com que eles falavam também não se baseava simplesmente numa suposta confiança na correção de suas intenções e especulações pessoais. O segredo deles só pode ser atribuído à certeza de serem mediadores da revelação divina. Ao longo de todo o Antigo Testamento, encontramos Isaías, Jeremias, Oseias e outros profetas usando constantemente expressões como "A palavra do Senhor veio a mim" ou "Assim diz o Senhor". A autoridade dos fervorosos profetas do passado vinha daí: eles não estavam simplesmente dizendo suas próprias palavras; eles eram bocas que falavam por Deus.

A autoridade de Jesus é mais que uma autoridade profética. A Igreja cristã reconhece que somente nele o Deus encarnado entrou na História; as palavras que ele dizia eram as palavras do primeiro e único Deus-homem. Contudo, o fato impressionante é que, em seus ensinamentos, Jesus se referia constantemente a passagens do Antigo Testamento, considerando-as dotadas de total autoridade. Sua autoconsciência messiânica e sua autoridade como Filho de Deus estão combinadas com a mais alta consideração pelo Antigo Testamento como registro da vontade de Deus.

Até mesmo um estudo superficial da história da Igreja revela que os grandes gigantes do púlpito e da pena, de Agostinho a Wesley, baseavam sua autoridade nas Escrituras. Com isso, eles seguiam um precedente consagrado por Cristo e pelos apóstolos.

Lutando com as dúvidas

Em 1949, eu estava cheio de dúvidas com relação à Bíblia. Eu pensava ter encontrado nítidas contradições nas Escrituras. Algumas coisas não se encaixavam com o meu restrito conceito de Deus. Quando eu me levantava para pregar, as minhas palavras não tinham aquele tom de autoridade que caracterizava todos os grandes pregadores do passado. Como centenas de outros jovens seminaristas, eu estava travando a batalha intelectual da minha vida. O resultado poderia certamente afetar o meu futuro ministério.

Em agosto daquele ano, recebi um convite para ir a Forest Home, um centro de conferências presbiteriano, localizado no alto da serra, perto de Los Angeles. Lembro-me de estar descendo por uma longa trilha na floresta e quase lutando com Deus. Eu lutava com as minhas dúvidas, e a minha alma parecia estar no meio do fogo cruzado. Finalmente, já desesperado, entreguei a minha vontade ao Deus vivo revelado na Bíblia. Ajoelhei-me diante da Bíblia aberta e disse:

> Senhor, há muitas coisas neste livro que eu não entendo. Mas tu disseste: "O justo viverá pela fé".[1] Tudo que recebi de ti, foi recebido pela fé. Agora, neste momento, pela fé, eu reconheço este livro como a tua palavra. Eu o aceito integralmente. Eu o aceito sem restrições. Onde houver coisas que eu não compreendo, aguardarei até ter um entendimento melhor, antes de emitir qualquer opinião. Se for da tua vontade, dá-me autoridade para proclamar a tua Palavra, e, através dessa autoridade, convence-me do pecado e conduze os pecadores até o Salvador.

Pregando com base na Bíblia

Seis semanas depois, começamos nossa cruzada em Los Angeles. Durante aquela cruzada, descobri o segredo que transformou meu ministério.

---

[1] Romanos 1.17. [N. do R.]

Parei de tentar provar que a Bíblia era verdadeira. Eu havia estabelecido na minha própria mente que ela era verdadeira, e essa fé era transmitida aos ouvintes. Eu me via repetindo várias vezes a frase "A Bíblia diz". Era como se eu fosse apenas uma voz por meio da qual o Espírito Santo estava falando.

A autoridade gerou fé. A fé gerou aceitação, e centenas de pessoas foram convencidas de se entregarem a Cristo. A cruzada inicialmente programada para durar três semanas estendeu-se por oito semanas, com a participação de centenas de milhares de pessoas. Aquela multidão não estava indo ouvir um grande orador, nem estava interessada apenas nas minhas ideias. Descobri que as pessoas estavam desesperadamente sedentas por ouvir o que Deus tinha a dizer por meio de sua Santa Palavra.

Eu sentia como se tivesse uma espada nas mãos e, pelo poder da Bíblia, estivesse penetrando fundo na consciência das pessoas, levando-as a se entregarem a Deus. A Bíblia diz a respeito de si mesma:

> Pois a palavra de Deus é viva e eficaz, e mais afiada que qualquer espada de dois gumes; ela penetra até o ponto de dividir alma e espírito, juntas e medulas, e julga os pensamentos e intenções do coração (Hebreus 4.12).

Descobri que a Bíblia se tornara como fogo nas minhas mãos. Aquele fogo derretia a incredulidade no coração das pessoas e as motivava a tomar a decisão de seguir Cristo. A Palavra se tornou um martelo que quebrava os corações de pedra e os moldava à semelhança de Deus. Afinal, Deus não disse: "Não é a minha palavra como o fogo [...] e como um martelo que despedaça a rocha?" (Jeremias 23.29)?

Descobri também que eu podia pegar um esboço simples e anotar vários versículos bíblicos relacionados a cada item, e Deus usaria isso poderosamente para levar as pessoas a se entregarem a Cristo. Descobri que eu não precisava depender da minha capacidade intelectual, de oratória, das técnicas de manipulação psicológica de massas, de ilustrações bem elaboradas ou de frases impactantes de grandes homens. Comecei a confiar mais e mais na própria Bíblia, e Deus abençoou.

Fome pela Palavra de Deus

Após tantas viagens e tantas experiências, estou convencido de que, em todas as partes do mundo, as pessoas têm fome de ouvir a Palavra de Deus. Da mesma forma que as pessoas foram ao deserto para ouvir João Batista proclamar "Assim diz o Senhor", o homem moderno, com todos os seus conflitos, frustrações e perplexidades, ouvirá o ministro que pregar com autoridade.

Lembro-me de que, em Londres, em 1954, muitos jornalistas, tanto de jornais seculares quanto da mídia religiosa, destacaram esse ponto como sendo talvez o grande segredo do sucesso das reuniões que fizemos ali. Dentre os milhares que entregaram a vida a Cristo naquela cruzada, estava uma brilhante jovem comunista. Ela estudava arte dramática na Academia Real de Teatro e Artes, e já era uma atriz de sucesso. Ela se filiara à Liga Comunista Jovem porque seus membros eram zelosos e pareciam ter soluções para os problemas da vida. Por curiosidade, ela e alguns colegas da academia foram às nossas reuniões na Harringay Arena "para ver o espetáculo". Posteriormente, ela testemunhou sobre sua surpresa ao não ouvir uma palestra de sociologia, política, psicologia ou filosofia, mas a simples citação de trechos da Palavra de Deus. Ela e seus colegas ficaram fascinados com isso. Voltaram em várias outras noites, até que a Palavra de Deus fez seu trabalho e abriu aqueles corações. Eles entregaram a vida a Cristo.

O bicho-papão da bibliolatria

Não estou defendendo aqui a bibliolatria. Não estou insinuando que devemos adorar a Bíblia, assim como um soldado não deve adorar sua espada, nem um cirurgião seu bisturi. Contudo, insisto fervorosamente na volta à pregação centrada na Bíblia, numa apresentação do evangelho que declare, sem apologia e sem ambiguidade: "Assim diz o Senhor".

O mundo anseia por autoridade, decisão e firmeza. Está cansado de complexidades e incertezas teológicas. A fé alegra o espírito humano; a dúvida deprime. Tanto no aspecto psicológico quanto no espiritual, não se ganha nada desacreditando a Bíblia. A geração que se dedicou à crítica das Escrituras rapidamente se viu questionando a revelação divina.

Estou certo de que, para a pregação do evangelho ser feita com autoridade, para produzir convicção do pecado, devemos exortar homens e mulheres a andarem em novidade de vida; e, para estar acompanhada do poder do Espírito, a Bíblia, com sua mensagem capaz de discernir, penetrar e queimar, deve ser a base da nossa pregação.

Pela minha experiência de pregar em todo o território dos Estados Unidos, estou certo de que o americano típico é sensível à mensagem cristã, se ela for temperada com autoridade e proclamada como algo que vem realmente de Deus, através de sua Palavra.

Não existe autoridade em outras áreas da vida? A matemática tem suas regras invioláveis, fórmulas e equações; se elas forem desrespeitadas, não chegamos a nenhuma resposta.

A música tem suas regras de harmonia, progressão e tempo. As maiores obras musicais foram compostas segundo essas regras. Quebrá-las é gerar dissonância e "pandemônio sonoro". Com certeza, o compositor usa de imaginação e gênio criativo, mas sua obra precisa ser composta dentro dos padrões aceitos de tempo, melodia e harmonia. Ele precisa seguir as regras. Ignorar as leis da música seria não fazer música.

Toda ação inteligente ocorre numa atmosfera de autoridade.

Autoridade para pregar as verdades fundamentais

Uso a frase "A Bíblia diz" porque a Palavra de Deus é o alicerce autorizado da nossa fé. Não faço distinção entre a autoridade de Deus e a autoridade da Bíblia porque creio que Deus tornou sua vontade conhecida na Bíblia.

Se a vontade de Deus está revelada de forma tão clara, por que tantos cristãos e tantas igrejas discordam a esse respeito? O mundo está mais que farto das nossas dúvidas, opiniões e interpretações conflitantes. Mas descobri que existem muitos pontos na Bíblia — uma quantidade imensa deles — sobre os quais a maioria das igrejas pode concordar. Poderia haver algo mais fundamental que o reconhecimento do pecado, a expiação, a necessidade humana de arrependimento e perdão, a perspectiva da imortalidade e os perigos da negligência espiritual?

É preciso que não haja adulteração da verdade nem comprometimento das grandes doutrinas bíblicas. Acho que foi Goethe quem disse, depois de ouvir um jovem pastor: "Quando vou ouvir um pregador, posso não concordar com o que ele diz, mas quero que ele acredite no que está dizendo". Nem mesmo um incrédulo indeciso respeita alguém que não tem coragem de pregar aquilo em que acredita.

Os mensageiros e a mensagem

Um intérprete das Nações Unidas não tem muita liberdade para ser criativo. Sua única obrigação é transmitir a mensagem que recebe do orador numa língua que os ouvintes possam entender. Talvez ele não goste de traduzir aquela mensagem — ela pode conter más notícias ou apresentar uma visão política que desagradará os ouvintes. Mas um intérprete responsável não se atreve a alterar o conteúdo daquilo que ouve. Seu dever é simplesmente transmitir a mensagem aos outros.

Nós, ministros cristãos, temos a Palavra de Deus. O nosso Comandante disse: "Levem esta mensagem a um mundo que está morrendo!". Alguns pregadores de hoje não cumprem a ordem; alguns rasgam a mensagem e a substituem por uma de sua própria autoria. Outros apagam parte dela. Outros dizem às pessoas que o que o Senhor queria dizer não é bem o que está escrito. Outros alegam que não foi ele quem enviou aquela mensagem, mas, na verdade, ela foi escrita por pessoas como nós, sujeitas a cometerem erros.

Devemos lembrar de que estamos semeando a semente de Deus. De fato, algumas podem cair à beira do caminho e outras entre os espinheiros, mas é nossa tarefa continuar semeando. Não devemos parar de semear só porque o solo não parece muito favorável.

Siga em frente

Estamos segurando uma lâmpada, e devemos deixá-la brilhar. Embora ela possa parecer apenas uma chama tremulante de uma vela num mundo de escuridão, é nossa tarefa deixar que ela brilhe.

Estamos tocando uma trombeta. O som da nossa pequena trombeta pode parecer perdido em meio a todo alarido e ao ensurdecedor barulho da guerra, mas precisamos continuar soando o alarme para chamar a atenção dos que estão em perigo.

Estamos mantendo uma fogueira acesa neste mundo gelado, cheio de ódio e egoísmo. A nossa fogueirinha pode parecer não ter efeito algum, mas precisamos manter o fogo aceso.

Estamos dando golpes com um martelo. Os golpes parecem só machucar as nossas mãos, mas temos de continuar martelando.

Estamos brandindo uma espada. Talvez a primeira ou a segunda investida seja defendida, e todo o nosso esforço para avançar fundo no flanco do inimigo pode parecer inútil. Mas precisamos continuar atacando.

Temos pão para alimentar um mundo faminto. As pessoas podem estar se banqueteando com outras coisas, desprezando o Pão da Vida, mas devemos continuar a oferecê-lo.

Temos água para as almas sedentas. Precisamos continuar de pé e clamar: "Venham, todos vocês que estão com sede, venham às águas" (Isaías 55.1).

Dê mais proeminência à Bíblia na sua pregação. Jesus prometeu que muitas sementes cairiam em boa terra, germinariam e dariam fruto. O fogo no seu coração e nos seus lábios pode acender uma chama sagrada em alguns corações frios e por isso ganhá-los para Cristo. O martelo quebrará alguns corações endurecidos e fará que se entreguem quebrantados a Deus. A espada atravessará a couraça do pecado e cortará fora a autossatisfação e o orgulho, abrindo o coração humano para o Espírito de Deus. Alguns homens e mulheres famintos receberão o Pão da Vida, e algumas almas sedentas encontrarão a Água da Vida. Pregue as Escrituras com autoridade, e você verá uma mudança extraordinária no seu ministério!

11

MAXIMIZANDO A MENSAGEM E O MÉTODO

No início do meu ministério, eu estava em Dallas, no Texas, e havia uma multidão de umas 30 ou 40 mil pessoas. Eu preguei, fiz o convite, e praticamente ninguém veio à frente. Desci do púlpito um tanto perplexo, e me perguntava o que teria acontecido. Um santo da Alemanha me abraçou e perguntou:

— Billy, posso dizer uma coisa a você?

— Claro — respondi.

E ele disse:

— Meu filho, você não pregou a cruz esta noite. Sua mensagem foi boa, mas você não pregou a cruz.

Fui para meu quarto e chorei. Então, disse: "Meu Deus, ajuda-me; nunca mais pregarei um sermão em que a cruz não seja o tema central".

Com certeza, há muitos mistérios no que se refere à expiação, e eu não compreendo toda a luz que vem daquela cruz. Mas levantá-la é o segredo da pregação evangelística.

Resposta à cruz

O evangelismo deve procurar obter uma resposta do indivíduo. Algum tempo atrás, uma senhora me disse: "Sabe, sr. Graham, o nosso pastor é uma pessoa maravilhosa, mas juro que não sei o que ele quer que a gente faça". Existem muitas pessoas assim. Será que não conseguimos explicar coisas que são elementares para nós? O que é arrependimento? Há quanto tempo você não prega um sermão sobre arrependimento como se o estivesse explicando a um grupo de crianças? O dr. Louis Evans, um dos nossos grandes ministros presbiterianos, disse ter descoberto em suas pregações que a inteligência religiosa de uma típica congregação americana é igual à de uma criança de 12 anos de idade. "Agora, eu sempre prego como se as pessoas fossem crianças", acrescentou ele. O dr. James Denney disse, certa vez: "Se você chutar a bola por cima da sua congregação, não provará nada com isso, a não ser que não sabe chutar".

Descobri que existe algo poderoso em empregar a linguagem que Deus usou. E volto a utilizar palavras como "arrependimento", "fé" e "sangue". De algum modo, o Espírito Santo deixa as coisas claras com terminologia simples. Era o que Cristo fazia. Quando Cristo pregava, diz William Barclay, ele escolhia suas ilustrações de acordo com o momento. Ele não se trancava em seu escritório e as elaborava cuidadosamente. Um dia, ele viu uma figueira e usou-a como ilustração.

Nós complicamos tudo. Jesus explicava as coisas de forma tão simples que as pessoas comuns do povo tinham prazer de ouvi-lo. É claro que os fariseus não entendiam. Os intelectuais não entendiam também. Muitas vezes, a condição do nosso coração é tão importante para a recepção da mensagem quanto a explicação em si.

Na minha opinião, o evangelista precisa reconhecer que muitos fatores levam uma pessoa a assumir um compromisso com Cristo. Eu diria até que não acredito ter jamais levado uma única alma a Cristo. O sermão de um pastor, a oração de uma mãe, um incidente numa batalha — cada um desempenha seu papel no processo de conversão. E os que se converteram nas nossas reuniões evangelísticas não foram convertidos pela pregação de Billy Graham. Fui apenas um entre uma série de fatores que levaram pessoas a se entregarem ao Salvador.

As pessoas são levadas a Cristo de diferentes maneiras. Lídia foi levada pelas emoções, o carcereiro filipense pela vontade, Paulo pela consciência, e Cornélio pelo intelecto. Com certeza, não digo que todos vão a Cristo da mesma maneira.

Na minha opinião, o evangelismo deve evitar o apelo excessivo às emoções. Anos atrás, descobri que poderia tocar as emoções da congregação e fazer que as pessoas fossem à frente, mas sem lágrimas de arrependimento. Eram apenas lágrimas de emoção superficial. As pessoas vão a Cristo por ouvirem a Palavra de Deus. As emoções, no entanto, têm seu lugar. Não consigo imaginar dois jovens apaixonados se beijarem movidos por um frio senso de dever. E o evangelista não pode oferecer perdão gratuito aos pecadores e proibir qualquer manifestação emocional.

O medo das emoções na experiência religiosa chega ao exagero. W. E. Sangster declarou: "Alguns críticos parecem suspeitar de qualquer conversão que não ocorra dentro de um refrigerador". Em seu livro *Let Me Commend* [Deixe-me recomendar], ele acrescenta que "o homem que grita num jogo de futebol, mas fica incomodado quando ouve falar de um pecador chorando aos pés da Cruz, e murmura algo sobre os perigos do emocionalismo, mostra que sua lógica não merece respeito".[1] As pessoas podem sentar-se à frente da televisão para assistir a uma novela ou a um tenso filme policial, e manifestar todo tipo de emoções, rindo, chorando ou roendo as unhas. Contudo, quando se trata de religião, se houver qualquer sinal de alegria ou lágrima ou sorriso, precisamos tomar cuidado com as emoções. Esse é o tipo de pensamento que faz o Diabo morrer de rir.

Fazendo o convite

Muitas pessoas perguntam por que fazer um apelo público. Confesso que durante algum tempo isso foi um problema para mim. A propósito, eu gostaria de dizer que o chamado "evangelismo de massas" tem vantagens e desvantagens. Uma desvantagem é esta: as pessoas vão às reuniões, ouvem os belos cânticos, sentem-se espiritualmente enlevadas, o pregador se levanta, grita, bate com o punho cerrado no púlpito — e depois elas voltam para suas igrejas e se perguntam por que o culto lá não é igual.

---

[1] SANGSTER, W. E. **Let Me Commend**: Realistic Evangelism. New York: Abingdon-Cokesbury Press, 1948.

Tenho o cuidado de explicar na minha pregação que o culto de adoração é mais importante que o evangelístico. O momento mais sagrado é quando vamos à mesa da Comunhão, pois isso é adoração a Deus; é a igreja de Deus em adoração. O que fazemos é um culto evangelístico cujo objetivo é alcançar os que estão fora da igreja ou na fronteira. São duas coisas diferentes, e o culto de adoração é mais importante.

No entanto, talvez fosse bom para as pessoas se os pastores começassem a esmurrar o púlpito um pouquinho. Uma senhora me disse, em San Francisco:

— Sr. Graham, sabe que o meu pastor está pregando uns sermões diferentes desde que o senhor chegou? O senhor realmente o ajudou.

Eu perguntei:

— A senhora foi à frente?

E ela:

— Fui sim.

Então, perguntei:

— Será que não é a senhora que agora está ouvindo de outra maneira, enquanto ele continua pregando os mesmos sermões?

E ela respondeu:

— Eu não tinha pensado nisso. É... pode ser.

Moisés fez um apelo em Êxodo 32.26, quando disse: "Quem é pelo Senhor, junte-se a mim". Aquele foi um apelo público. Josué também fez um apelo: "Escolham hoje a quem irão servir" (Josué 24.15). O rei Josias fez um apelo público, depois que o Livro da Lei foi encontrado e lido para todo o povo reunido em assembleia, ao conclamar todos os presentes a se comprometerem a cumprir o Livro da Lei (2Crônicas 34.31,32). Esdras fez o povo jurar publicamente que levaria a reforma até o fim (Esdras 10.5).

Jesus fez muitos apelos públicos. Ele disse a Pedro e André: "Sigam-me, e eu os farei pescadores de homens" (Mateus 4.19). A Mateus, disse: "Siga-me", e Mateus levantou-se e o seguiu (Mateus 9.9). O Mestre convidou Zaqueu publicamente a descer da árvore: "Zaqueu, desça depressa. Quero ficar em sua casa hoje" (Lucas 19.5). Jesus contou a parábola do banquete desprezado, em que o senhor diz ao servo: "Vá pelos caminhos e valados e obrigue-os a entrar, para que a minha casa fique cheia" (Lucas 14.23). Os apóstolos também fizeram apelos.

A sala de interrogatório

O método de apelo que usamos é relativamente recente, mas o espírito e o princípio do apelo evangelístico são, na minha opinião, tão antigos quanto a própria Bíblia. George Whitefield e John Wesley costumavam fazer apelos públicos, assim como a maioria dos evangelistas. Porém, a moderna sala de interrogatório que usamos com o aconselhamento pessoal não era usada, até onde sei, antes de 1817, quando Ashland Middleton começou a empregá-la. Moody popularizou-a e a utilizava sempre em suas reuniões; quando fazia um apelo, ele não pedia às pessoas que fossem à frente, mas sim que fossem direto para uma sala. Depois ele ia até lá e falava com todos os presentes.

Descobrimos que esse era exatamente o ponto fraco do evangelismo de massas. E o problema era como superá-lo. Como conseguir que as pessoas façam uma profissão de fé ou indiquem sua necessidade espiritual, e da forma correta, de modo que possamos lidar com cada uma delas individualmente? Em outras palavras, o evangelismo de massas era só um degrau para o evangelismo pessoal.

Começamos, então, a ensinar e a treinar conselheiros para conversarem com cada um que tomava a decisão. Nem todas as pessoas que vão à frente nas cruzadas realmente encontraram o que procuravam. A maioria delas ainda está buscando. Elas estão fazendo perguntas; estão procurando ajuda. Precisam de alguém que as oriente, as conduza e lhes mostre o caminho. Alguns dizem que essa tarefa é só dos pastores. A igreja primitiva era composta por leigos, e acho que já é hora de acabarmos com a separação há muito existente entre leigos e clero. Os leigos precisam estar envolvidos no evangelismo. Esse é o segredo do sucesso da igreja.

Dean Barton Babbage me contou ter iniciado um trabalho, que ele chama de "noite do púlpito", uma vez por semana, na catedral de Melbourne.

Os membros da congregação saem e trazem pessoas que não frequentam nenhuma igreja. Na primeira "noite do púlpito", ele fez um apelo público e mais de 300 pessoas foram à frente! "Esses membros treinados nas classes de aconselhamento não podem parar", disse ele. Estão trazendo o evangelismo novamente para dentro das igrejas. Os ministros têm de estar preparados, pois essa será uma das consequências.

Nas nossas cruzadas, os conselheiros treinados escrevem num cartão o nome e a preferência de igreja de cada pessoa que vai à frente. Então, enviamos o cartão imediatamente àquela igreja para que ela cuide do acompanhamento. Lembro-me da primeira vez em que fui ao Palácio Lambeth para encontrar o arcebispo de Canterbury; ele me contou esta história: "Sabe, temos uma capelinha aqui em Lambeth; e chegaram dois cartões [das reuniões de Harringay] que, por algum motivo, foram enviados para mim. Eu os peguei imediatamente, porque, se não fizer isso, a organização Graham vai mandá-los para uma igreja batista!".

Perdendo bebês

Imagine se fôssemos tão desleixados com os recém-nascidos como somos com os recém-convertidos. A taxa de mortalidade infantil seria alarmante. Um bebezinho entraria na minha casa, e eu diria: "Filho, estamos muito felizes de você ter vindo. Esperamos que volte no domingo que vem; vamos preparar um bom jantar para você. Não vai durar mais que uma hora, mas venha. Vemos você no próximo domingo". Ele iria morrer! No entanto, pessoas vêm a Cristo como bebês espirituais, e esperamos que elas voltem à igreja espontaneamente, no domingo de manhã, e comam o suficiente para ficar alimentadas até o domingo seguinte, quando poderão retornar para receber mais. Essa não é a maneira de Deus agir! Essas pessoas precisam de ajuda, orientação, liderança e estudo da Palavra de Deus. Eu não tenho condição de ensinar a todas elas. Eu as vejo por uma noite, e os pastores esperam que o evangelista faça milagres — que um novo convertido chegue à igreja como um cristão maduro; e, se ele der um passo em falso, por ignorância ou fraqueza, a igreja aponta o dedo e diz: "Está vendo só? Outro convertido que não permaneceu na fé!".

Como podemos ser tão hipócritas? Uma cabeça de ponte[2] foi lançada na vida dessas pessoas. Agora, temos de aproveitar a chance e entrar com a infantaria. As cruzadas podem lançar cabeças de ponte em milhares de vidas, mas cabe aos membros leigos da igreja acompanharem essas pessoas. Elas precisam da nossa ajuda, pois são bebês espirituais. Depois que o obstetra faz seu trabalho, a responsabilidade passa a ser do pediatra.

Estou certo de que você passará a fazer sermões mais comoventes e evangelísticos. Pegue alguns temas antigos como novo nascimento, arrependimento, fé e justificação, e veja o que acontece. Você pode estar pensando: "Mas a minha congregação já está muito além disso!". Não acredito que os crentes de sua congregação levarão os não convertidos para a igreja se não acharem que será pregado um evangelho simples.

Quero destacar um fato importante, porém: a vida espiritual de uma igreja nunca será mais santa que a vida pessoal de seus membros. Oro para que todos os cristãos sejam renovados em seu entusiasmo, consagração e dedicação a Cristo. Um dos maiores líderes anglicanos da Austrália chamou-me em sua casa, fechou a porta, trancou-a por dentro e disse: "Sou clérigo anglicano há muitos anos". Então, começou a chorar e completou: "Preciso de uma nova experiência com Deus". Nós nos ajoelhamos e oramos juntos.

Você precisa de uma nova experiência com Deus; de um novo encontro com o Cristo vivo? Oro para que você não seja como Sansão, que não percebeu que o Senhor havia se afastado dele. Será que você tem feito as coisas sempre da mesma maneira até quase alcançar a perfeição, mas perdeu a compaixão, o amor, o pesar e a visão do Cristo vivo? Ore para que tudo isso volte — e com uma porção dobrada do Espírito de Deus.

---

[2] Termo militar que indica posição fortificada que a linha de frente de combate de um exército estabelece para possibilitar o acesso de tropas, armamentos e provisões. [N. do R.]

PARTE III

CUIDADO COM AS ARMADILHAS

12

CUIDADO COM AS GRANDES ILUSÕES

Norman Cousins disse num editorial da *Saturday Review* que não existem problemas insolúveis na terra. O dr. Henry Pitney Van Dusen, presidente emérito do Seminário Teológico União, na cidade de Nova York, contestou-o. "Não conheço ninguém que seja capaz de ver os fatos e reconhecer os muitos sintomas que mostram que a sociedade americana está gravemente, talvez mesmo mortalmente, enferma, e ainda assim se agarre a esse tipo de ilusão", disse ele.

Venderam ao povo americano uma série de ilusões que não têm nenhum fundamento bíblico. Quero mencionar três delas. Você pode não concordar comigo; é direito seu. Uma vez ouvi Walter Reuther, um líder trabalhista atuante nas décadas de 1950 e 1960, discursando no Empire Club, em Toronto, pouco depois de ter convocado uma greve nacional dos trabalhadores da indústria automotiva do Canadá. Que recepção fria ele teve! Mas ele se arriscou assim mesmo, chegando a ponto de divulgar os salários de alguns homens que estavam sentados na frente dele. Não creio que houvesse um só homem ali que concordasse com Reuther, mas, quando ele terminou, foi aplaudido de pé — porque teve a coragem de dizer a verdade nua e crua.

A ilusão da paz terrena permanente

A primeira ilusão que está dominando a América atualmente é a ideia de que é possível ter paz permanente sem a intervenção de Deus.

Quando Golda Meir era primeira-ministra de Israel, tive o privilégio de encontrar-me com ela durante sua viagem aos Estados Unidos. Enquanto eu esperava para ser levado a seu encontro, um de seus assessores me contou que um homem em Nova York tinha perguntado a Golda: "Excelência, por que vocês, judeus, não se sentam com os árabes e resolvem seus problemas como os cristãos?". Então, eu perguntei: "Como na Irlanda do Norte?".

Há muitos séculos, Jesus profetizou que haveria guerras e rumores de guerras até o fim dos tempos. Ora, por que ele disse isso? Com certeza, não foi porque aprovava a guerra. Ele disse isso porque conhecia a natureza humana — conhecia sua concupiscência, sua ganância e seu ódio. Sem a ajuda de Deus, o ser humano não é capaz de resolver o problema da guerra.

De onde vem a guerra? O apóstolo Tiago pergunta: "De onde vêm as guerras e contendas que há entre vocês? Não vêm das paixões que guerreiam dentro de vocês?" (Tiago 4.1). Em outras palavras, existe alguma coisa dentro de nós que está em guerra. Enquanto essa guerra espiritual existir dentro do coração de pessoas ao redor do mundo, todos os outros tipos de guerra podem acontecer. Não faz muito tempo, li que há pelo menos 29 guerras ocorrendo no mundo atualmente. Neste exato momento. Isso inclui o conflito no Afeganistão, a guerra civil na Líbia, a repressão à Al-Qaeda, e as muitas guerras tribais na África. Vinte e nove guerras — numa época de relativa paz.

Quer dizer que nunca haverá paz de verdade? Não é bem isso.

A Bíblia diz que haverá paz. A espécie humana não está destinada à destruição; não vamos autodestruir-nos. A Bíblia ensina que Deus intervirá, e teremos paz mundial permanente. A espécie humana dirige-se para a utopia. O profeta Miqueias declarou:

> Ele julgará entre muitos povos
> e resolverá contendas
>   entre nações poderosas e distantes.
> Das suas espadas farão arados,
>   e das suas lanças, foices.

> Nenhuma nação erguerá
> a espada contra outra,
> e não aprenderão mais a guerra (Miqueias 4.3).

De fato, aproxima-se uma época de paz, mas Deus é quem a trará, e será segundo seus termos. Os judeus procuram pelo Messias, assim como os cristãos. A diferença é que o cristão diz que Jesus é o Messias. Mas haverá um Messias, uma pessoa que pode trazer paz ao mundo.

Entretanto, não precisamos esperar por esse dia para termos paz no coração. "Deixo-lhes a paz; a minha paz lhes dou", declarou Jesus (João 14.27). "Posso dar-lhes uma paz e uma segurança sobrenaturais, um amor e uma alegria que vocês nunca experimentaram, se puserem sua confiança e fé em mim."

A ilusão de uma utopia material

A segunda ilusão que milhões de americanos cultivam é que a utopia econômica é a solução para os problemas humanos mais profundos. A propaganda nos vendeu um monte de produtos e criou imensas expectativas. Ela nos diz que, se usarmos certo desodorante ou certo sabonete, teremos paz, serenidade e segurança. Imagine como seria se todos nós pudéssemos ter tudo o que desejamos. Imagine que houvesse duas piscinas em cada residência, três automóveis em cada garagem, uma dúzia de galinhas em cada panela. Será que isso nos daria paz e felicidade? Não. Jesus disse: "A vida de um homem não consiste na quantidade dos seus bens" (Lucas 12.15). E disse também: "Nem só de pão viverá o homem, mas de toda palavra que procede da boca de Deus" (Mateus 4.4). O ser humano tem necessidades muito mais profundas. Ele precisa de soluções para a solidão, o vazio, o abandono, a culpa, o medo da morte — esses são seus verdadeiros problemas.

Perguntaram à filha de Sigmund Freud, Anna Freud, por que os estudantes faziam manifestações e passeatas. Ela respondeu: "O verdadeiro motivo é que, no fundo, os estudantes se sentem vazios e alienados, e o que desejam ardentemente é descobrir a verdade". Passei muito tempo em faculdades e universidades, e posso atestar que um dos principais problemas nos *campi* é a busca da verdade: "De onde eu vim? Por que estou aqui? Para onde vou?". A educação moderna não está respondendo a essas perguntas que ardem no coração de milhões de estudantes do mundo inteiro. O filho de um amigo meu, que é um astro do cinema, estudava em Berkeley na década de 1960. Esse rapaz chegou para o pai e disse: "Pai, vou largar a faculdade; vou ser *hippie*". O pai perguntou por que; e ele respondeu: "Bem, pai, é porque eu te odeio". O pai, claro, ficou abalado com aquilo. "Por que você me odeia?", perguntou ele. E o filho respondeu: "Está bem, pai, vou te explicar: Você sempre me deu tudo e fez que as coisas fossem sempre muito fáceis para mim. Mas não me deu nada em que eu pudesse acreditar. E é por isso que eu te odeio".

Demos aos nossos filhos a ideia de que a riqueza material é a solução para todos os problemas — quanto mais alto o padrão de vida, maior a nossa felicidade e paz. Mas os nossos jovens estão rejeitando esse conceito. Estão rebelando-se e dizendo: "Não queremos nada disso. Vamos queimar tudo".

A ilusão da democracia sem Deus

Uma terceira ilusão que vejo bastante disseminada é a ideia de que a democracia pode sobreviver sem uma fé religiosa. A direção em que estamos seguindo atualmente — rumo ao completo secularismo e materialismo — nos levará à censura e ao totalitarismo. Quando a honestidade, a integridade e a moralidade desaparecem, a democracia está ameaçada. Marco Aurélio disse certa vez: "Quando as pessoas perdem a confiança em si mesmas, a sociedade desmorona". Nós, americanos, tornamo-nos tão autocríticos que estamos correndo o risco de perder a confiança em nós mesmos como nação.

Está ocorrendo algo muito perigoso: um vácuo vem se desenvolvendo na filosofia americana. Num artigo publicado no *Miami Herald*, Martin Gross afirma que o espírito dessa nova religião é antidemocrático, pois supõe que a verdade é revelada magicamente a uma elite de seguidores. Essa elite supostamente teria mais capacidade para decidir o que é melhor para a sociedade que a massa da população — uma falácia espiritual que escraviza o ser humano. Os Estados Unidos acabaram com essa mentira quando criaram uma república e uma democracia alicerçada na religião, diz ele. Render-se agora a uma mentira antiga, que se apresenta como a nova religião da moda, seria loucura.

O que mais precisamos hoje é de uma revitalização do judaico cristianismo. Precisamos renovar a fé em Deus, a fé uns nos outros, a fé no nosso país, a fé em todos os valores que a nossa nação deve defender. Sem essa renovação, sem uma revitalização da igreja, do sistema educacional, da estrutura governamental e da mídia, a nossa sobrevivência como uma democracia livre me parece improvável.

Essa renovação pode começar bem aqui, no meu e no seu coração, se voltarmos a dedicar a nossa vida ao Deus dos nossos antepassados. Essa renovação do nosso compromisso de dedicação a Deus não transformaria apenas a nossa vida e os nossos relacionamentos; ela também nos capacitaria a dar a maior contribuição possível à nação que amamos e ao mundo em que vivemos.

13

QUANDO A TOLERÂNCIA SE TORNA UM PECADO

Uma das palavras que estão na moda hoje é "tolerância". É um ótimo conceito, mas as pessoas têm tentado estender sua aplicabilidade a áreas da vida nas quais ele não é recomendável. O termo "tolerante" significa "liberal", "mente aberta", "disposto a aceitar crenças que são opostas às suas próprias convicções", "indulgente com algo não totalmente aprovado".

Em certo sentido, ser tolerante implica comprometer as nossas convicções e ceder terreno em questões importantes. Portanto, o excesso de tolerância em questões morais nos deixou frouxos, fracos e sem convicção.

Tornamo-nos tolerantes com o divórcio, com o uso do álcool, com a delinquência, com a impiedade nos altos escalões, com a imoralidade e com o ateísmo. Tornamo-nos tolerantes com a incredulidade.

Há muitos anos, foi publicado um livro que falava sobre as crenças das pessoas famosas e importantes. Do total, 60% nem sequer mencionaram Deus, e só 11% mencionaram Jesus Cristo. Havia uma clara tolerância em relação à fraqueza de caráter e à permissividade moral, característica da nossa época. Tiraram as nossas convicções, esvaziaram as nossas crenças e nos despojaram da nossa fé.

O caminho é estreito

A ciência, porém, exige intransigência. Não há espaço para tolerância no laboratório. A água ferve a 100º Celsius, ao nível do mar, nunca a 90º ou 120º — sempre a 100º. E ela congela a 0º, nas mesmas condições — não a -5º graus ou a 1º.

Corpos mais pesados que o ar são sempre atraídos para o centro da Terra. Se não houver nada que os sustente, eles sempre caem — nunca sobem. Sei que isso impõe um limite muito rigoroso, mas a lei da gravidade determina que seja dessa maneira, e a ciência é rigorosa.

Considere a matemática, por exemplo. Dois mais dois são quatro — não três e meio. Isso parece muito rigoroso também, mas a matemática não é liberal. A geometria também não. Ela diz que a menor distância entre dois pontos é uma linha reta. Isso parece muito dogmático e rígido, mas a geometria é intolerante.

A bússola sempre aponta para o norte magnético. Parece uma posição inflexível, mas a bússola não tem mesmo uma "mente aberta". Se tivesse, todos os navios e todos os aviões estariam em perigo.

Se você perguntar a uma pessoa qual caminho seguir para chegar a determinada cidade, e ela responder: "Pode pegar qualquer um; todos eles levam até lá", você questionará se a pessoa é louca ou mentirosa. Mas, por incrível que pareça, muita gente pensa que "todos os caminhos levam a Deus". As pessoas dizem: "Faça o seu melhor", "Seja honesto", "Seja sincero, e você irá para o céu".

No entanto, Jesus Cristo, que veio do céu para a terra e depois voltou para o céu — e que conhecia o caminho melhor que qualquer pessoa — disse: "Entrem pela porta estreita, pois larga é a porta e amplo o caminho que leva à perdição, e são muitos os que entram por ela. Como é estreita a porta, e apertado o caminho que leva à vida! São poucos os que a encontram" (Mateus 7.13,14).

Jesus era rigoroso quanto ao caminho da salvação

Jesus indicou claramente que havia dois caminhos na vida. Um deles é largo — sem fé, sem convicções, sem padrões morais. É o caminho fácil, popular e despreocupado. É o caminho escolhido pela maioria, o caminho das massas, o caminho do mundo. Jesus disse que são muitos os que entram por ele. Mas também afirmou que essa estrada, embora fácil, embora tão popular e cheia de gente, leva à destruição. E, numa intolerância amorosa e compassiva, Jesus declara: "Entrem pela porta estreita, pois [...] é estreita a porta, e apertado o caminho que leva à vida!".

A intolerância do nosso Senhor

Ele tinha a intolerância de um piloto que conduz seu avião no meio de uma tempestade, sabendo que um único erro, uma ínfima margem de condescendência, pode matar todos os que estão a bordo.

Certa vez, num voo da Coreia para o Japão, o nosso avião enfrentou uma violenta tempestade de neve. Quando nos aproximamos do aeroporto de Tóquio, não havia teto e a visibilidade era praticamente zero. O piloto teve de fazer um pouso por instrumentos. Fui para a cabine e o vi suando de nervoso enquanto realizava o pouso. Um controlador de voo dava as instruções. Eu não queria que aqueles homens fossem flexíveis; eu queria que eles seguissem as regras ao pé da letra. Eu sabia que a vida de cada um de nós dependia disso. Portanto, quando estivermos prestes a aterrissar no grande aeroporto do céu, não quero saber de flexibilidade. Não quero sair do curso. E, mesmo que eu seja considerado intolerante aqui, quero estar certo de ter um pouso seguro quando chegar lá.

Cristo era tão intolerante com a condição de perdição do ser humano que deixou seu trono exaltado no céu, tomou a forma de homem, sofreu na mão de homens perversos e morreu numa cruz para comprar a nossa redenção. A situação do ser humano era tão séria que ele não podia tratá-la com negligência. Com o amor que lhe é próprio, Jesus não poderia ser complacente com um mundo escravizado por suas concupiscências, seus apetites e seus pecados.

Depois de pagar um preço tão alto, Jesus não podia ser tolerante com a indiferença humana em relação a ele e à redenção que obtivera. Ele disse: "Aquele que não está comigo, está contra mim" (Mateus 12.30). E ainda: "Quem crê no Filho tem a vida eterna; já quem rejeita o Filho não verá a vida, mas a ira de Deus permanece sobre ele" (João 3.36).

Jesus falou a respeito de dois caminhos, dois reinos, dois senhores, duas recompensas e duas eternidades. E disse: "Vocês não podem servir a Deus e ao Dinheiro" (Mateus 6.24). Podemos escolher a quem servir, mas a alternativa a escolher Cristo leva à destruição certa. Cristo disse isso! O caminho largo, fácil e popular leva à morte e à destruição. Só o caminho da cruz nos leva para casa.

Jogando dos dois lados

A atitude tolerante que a maioria das pessoas tem em relação ao evangelho de Cristo pode ser comparada a um homem que torcesse para dois times de futebol rivais. Seria impossível alguém que não tem lealdade por nenhum dos times realmente se envolver no jogo e torcer.

Os fãs de beisebol, tanto em Atlanta quanto em Los Angeles, são muito intolerantes. Se você torcer por dois times adversários em qualquer um desses lugares, alguém vai gritar: "Ei! Afinal, qual é o seu time?".

Cristo disse: "Ninguém pode servir a dois senhores [...]. Vocês não podem servir a Deus e ao Dinheiro" (Mateus 6.24). Um dos pecados da nossa época é o pecado da transigência. Precisamos de mais gente que se levante e diga com ousadia: "Eu e a minha família serviremos ao Senhor" (Josué 24.15).

Jesus era intolerante com a hipocrisia

Jesus pronunciou mais "ais" sobre os fariseus que sobre qualquer outra seita, porque eles mostravam devoção exterior, mas seu interior estava cheio de engano. "Ai de vocês, mestres da lei e fariseus, hipócritas! Vocês limpam o exterior do copo e do prato, mas por dentro eles estão cheios de ganância e cobiça" (Mateus 23.25).

Deus não tem tolerância com quem só fala, mas não faz. Ele insiste em que aqueles que confessam o nome de Cristo devem disciplinar a vida para agirem de acordo com sua pregação. A igreja é um palco onde todos os que atuam também professam, mas onde muito poucos dos que professam também atuam. Um falso cristão sozinho consegue fazer muito mais para atrasar o progresso da igreja que uma dúzia de santos consegue adiantá-lo. Por isso, Jesus era tão intolerante com a falsidade!

A única recompensa da falsidade é a destruição eterna. Esse é o único pecado que não tem recompensa nesta vida. Os ladrões têm o produto do roubo; os assassinos, sua revanche; os bêbados, seu estímulo; mas o hipócrita não tem nada senão o desprezo de seus vizinhos e o juízo de Deus no porvir. Por isso Jesus disse: "Não sejam como os hipócritas" (Mateus 6.5).

Jesus era intolerante com o egoísmo

Ele disse: "Se alguém quiser acompanhar-me, negue-se a si mesmo, tome diariamente a sua cruz e siga-me" (Lucas 9.23). O egocentrismo é a principal causa de muitos dos problemas que temos na vida. A hipocondria, um distúrbio mental que vem acompanhado de melancolia e depressão, é frequentemente causada por autopiedade e egocentrismo.

A maioria de nós sofre de miopia espiritual. Os nossos interesses, os nossos amores e as nossas energias estão muitas vezes focados em nós mesmos. Jesus enfatizou que seus discípulos deveriam viver de modo altruísta, não egoísta. Ele disse ao jovem rico: "Se você quer ser perfeito, vá, venda os seus bens e dê o dinheiro aos pobres, e você terá um tesouro nos céus. Depois, venha e siga-me" (Mateus 19.21). Jesus não estava interessado na doação dos bens daquele jovem, mas na sua libertação do egoísmo e do efeito devastador do pecado sobre sua personalidade e vida.

Jesus foi intolerante com o egoísmo, quando disse: "Pois quem quiser salvar a sua vida, a perderá, mas quem perder a vida por minha causa, a encontrará" (Mateus 16.25). A "vida" que Jesus nos exorta a perder é o egoísmo que vive dentro de nós, a velha natureza pecaminosa que está em constante conflito com Deus. Pedro, Tiago e João deixaram suas redes, mas Jesus não era contra as redes em si — o que ele queria é que eles abandonassem a vida egocêntrica que as redes simbolizavam. Mateus deixou a "coletoria", um cargo político, para seguir Cristo. Mas Jesus não se opunha ao cargo político em si — o que Jesus queria é que Mateus abandonasse o modo de vida egoísta que esse cargo representava.

Portanto, na sua e na minha vida, o "eu" precisa ser crucificado e Cristo deve ser entronizado. Jesus era intolerante com qualquer outro tipo de atitude, pois sabia que o egoísmo e o Espírito de Deus não podem conviver.

Jesus era intolerante com o pecado

Jesus era tolerante com o pecador, mas intolerante com o mal que escraviza os pecadores. À mulher adúltera, disse: "Eu também não a condeno. Agora vá e abandone sua vida de pecado" (João 8.11). Ele perdoou a mulher porque a amava; mas condenou o pecado porque o abominava com um ódio santo.

Deus sempre foi intolerante com o pecado! A Palavra de Deus diz: "Lavem-se! Limpem-se! Removam suas más obras para longe da minha vista!

Parem de fazer o mal" (Isaías 1.16). "Como justos, recuperem o bom senso e parem de pecar" (1Coríntios 15.34). "Que o ímpio abandone o seu caminho, e o homem mau, os seus pensamentos" (Isaías 55.7).

Cristo era tão intolerante com o pecado que morreu na cruz para libertar de suas garras os seres humanos. "Porque Deus tanto amou o mundo que deu o seu Filho Unigênito, para que todo o que nele crer não pereça, mas tenha a vida eterna" (João 3.16). O pecado está na raiz dos problemas atuais da sociedade. Tudo o que separa o ser humano de Deus separa-o também de seu semelhante. O problema do mundo nunca será resolvido enquanto a questão do pecado não for solucionada. Mas a cruz é a solução de Deus para o pecado. Ela anula e cancela para sempre o poder do pecado sobre todos os que recebem as abençoadas novas da salvação em Cristo. Os guardas florestais conhecem muito bem a importância da "queimada" no combate aos incêndios florestais. Para impedir que uma área seja atingida pelo incêndio, eles queimam todas as árvores e todos os arbustos até uma distância segura. Quando o incêndio chega àquela área já queimada, ele não pode avançar, e tudo o que se encontra depois dela está a salvo das chamas. Portanto, fogo se combate com fogo.

O Calvário foi uma luta colossal de fogo contra fogo. Ao tomar sobre si todos os nossos pecados, Cristo permitiu que o fogo do juízo do pecado caísse sobre si mesmo. A área ao redor da cruz tornou-se um refúgio para todos escaparem do juízo do pecado. Ocupe o seu lugar com ele na cruz; fique perto da cruz; entregue a sua vida àquele que o redimiu na cruz, e o fogo do juízo do pecado jamais alcançará você.

Deus é intolerante com o pecado. Essa intolerância enviou o Filho de Deus para morrer por nós. Deus disse: "Para que todo o que nele crer não pereça". A implicação óbvia é que todo aquele que se recusa a crer em Cristo estará eternamente perdido. Vá até ele hoje mesmo, enquanto o Espírito está falando ao seu coração!

14

COMBATENDO O FLAGELO DO RACISMO

A hostilidade racial e étnica é um dos principais problemas sociais que o mundo enfrenta hoje. Do horror da "limpeza étnica" sistemática na Bósnia até a violência intermitente que assola as nossas periferias, passando pelos conflitos raciais que ainda permeiam a sociedade, o mundo parece estar submergindo numa onda de tensões raciais e étnicas. Essa hostilidade ameaça as fundações da sociedade moderna.

Não devemos subestimar as consequências devastadoras do racismo no mundo. Diariamente, as manchetes mostram seus efeitos: nações e famílias divididas, guerras arrasadoras e sofrimento humano numa escala inimaginável, espiral de pobreza e desespero, crianças cruelmente feridas no corpo e deformadas na mente e no coração. A lista é longa, mas para o cristão consciente ela é ainda mais longa: povos envenenados pela violência e o ódio racial e, por isso, fechados para o evangelho; indiferença e resistência por parte de cristãos que são intolerantes em relação aos que vêm de contextos diferentes dos seus, ignorando suas necessidades espirituais e físicas.

O racismo — no mundo e na igreja — é uma das maiores barreiras à evangelização mundial.

O ódio racial e étnico é pecado, e temos de reconhecer esse fato. Jesus disse a seus discípulos: "Ame o seu próximo como a si mesmo" (Mateus 22.39) e, em resposta à pergunta "E quem é o meu próximo?", contou uma parábola sobre um bom samaritano, membro de um povo desprezado (Lucas 10.25-37).

O racismo é um pecado porque nos impede de obedecer ao mandamento divino de amarmos uns aos outros, e porque brota do orgulho e da arrogância. Os cristãos que alimentam o racismo em seus pensamentos ou em suas ações não estão seguindo seu Senhor neste ponto, pois Cristo veio para trazer reconciliação — entre Deus e nós, e entre nós e os nossos semelhantes. Ele veio para nos aceitar exatamente como somos, não importa quem sejamos: "De toda tribo, língua, povo e nação" (Apocalipse 5.9).

Infelizmente, nós, cristãos evangélicos, muitas vezes fizemos vista grossa ao racismo no passado, ou deixamos que outros assumissem a liderança na reconciliação racial, dizendo que não era responsabilidade nossa (reconheço a minha parcela de culpa). Por causa disso, muitas iniciativas de reconciliação nos Estados Unidos não tiveram uma base cristã, e podem não sobreviver às circunstâncias imediatas que as originaram. Deveríamos sentir-nos envergonhados e nos arrepender de quanto falhamos como agentes da reconciliação de Deus.

Portanto, o racismo não é apenas um problema social; é também um problema moral e espiritual. Os esforços realizados nos âmbitos legal e social para acabar com o racismo (ou, pelo menos, para minimizar seus efeitos mais graves) são bem-vindos. Mas só o amor sobrenatural de Deus é capaz de mudar permanentemente o nosso coração e substituir o ódio e a indiferença por amor e compaixão ativa.

Não existe nenhuma outra força além da igreja que seja capaz de reunir pessoas, semana após semana, e lidar com suas mais profundas mágoas e desconfianças. Dentre todas as pessoas, os cristãos deveriam ser os mais empenhados em alcançar todas as raças, em vez de aceitar a situação vigente de divisão e animosidade.

Os problemas que enfrentamos são imensos e complexos, e não podemos resolvê-los simplesmente querendo que eles desapareçam. Não tenho a pretensão de saber todas as respostas. Que nós, que confessamos o nome de Cristo, nos arrependamos das nossas falhas anteriores e, confiando no Santo Espírito, mostremos a um mundo cansado e amedrontado que Cristo realmente "destruiu a barreira, o muro de inimizade, [...] por meio da cruz, pela qual ele destruiu a inimizade" (Efésios 2.14-16).

PARTE IV

O MEU DESAFIO AO POVO DE DEUS

15

ESCOLHAM LÍDERES QUE CONFIEM EM DEUS

Naquele dia trágico em que o assassinato do presidente John F. Kennedy transferiu a liderança da nação para Lyndon Johnson, eu estava, por acaso, com um velho amigo do novo presidente. Procuramos imediatamente um lugar sossegado para orar, pedindo a Deus que o ajudasse a enfrentar as imensas responsabilidades que haviam sido lançadas sobre ele repentinamente. Naquela tarde, quando Johnson estava sendo empossado como presidente dos Estados Unidos jurando sobre a Bíblia, lemos juntos uma passagem das Escrituras Sagradas. Era a oração de Salomão quando ascendeu ao trono de Israel após a morte de seu pai, o rei Davi.

Pouco mais de um ano depois, quando Johnson fez o juramento novamente e se tornou presidente eleito, eu ainda não conseguia pensar numa oração melhor que aquela para marcar o início de seu novo governo.

> Naquela noite Deus apareceu a Salomão e lhe disse: "Peça-me o que quiser, e eu lhe darei".
>
> Salomão respondeu: "Tu foste muito bondoso para com meu pai Davi e me fizeste rei em seu lugar. Agora, Senhor Deus, que se confirme a tua promessa a meu pai Davi, pois me fizeste rei sobre um povo tão numeroso quanto o pó da terra. Dá-me sabedoria e conhecimento, para que eu possa liderar esta nação, pois, quem pode governar este teu grande povo?".
>
> Deus disse a Salomão: "Já que este é o desejo de seu coração e você não pediu riquezas, nem bens, nem honra, nem a morte dos seus

inimigos, nem vida longa, mas sabedoria e conhecimento para governar o meu povo, sobre o qual o fiz rei, você receberá o que pediu, mas também lhe darei riquezas, bens e honra, como nenhum rei antes de você teve e nenhum depois de você terá" (2Crônicas 1.7-12).

Apenas alguns meses depois de fazer seu primeiro juramento presidencial, o presidente Johnson disse: "Nenhum homem pode morar onde moro agora ou trabalhar na escrivaninha que ocupo agora sem buscar a força e o sustento da oração frequente e sincera". Diante da magnitude das responsabilidades de um cargo elevado, o ser humano se sente pequeno e começa a analisar o turbilhão de acontecimentos aparentemente aleatórios, em busca de um entendimento profético da História; e, se ele for espiritualmente sensível, perceberá, como aconteceu com Lincoln, que é apenas um "humilde instrumento nas mãos de Deus".

A necessidade de uma âncora espiritual para a nação

As questões nacionais que os líderes americanos precisam resolver hoje em dia talvez sejam mais graves que os problemas que qualquer um de seus predecessores jamais enfrentou. Em suas mãos está o destino não só dos Estados Unidos da América, mas do mundo. Eles comandam a mais rica e poderosa nação que o mundo já viu; uma nação que foi grandemente abençoada com riquezas materiais, mas que também está correndo o risco de perder suas amarras morais e sua perspectiva espiritual. Cristo, em quem estão ocultos todos os tesouros de sabedoria, perguntou: "Que adianta ao homem ganhar o mundo inteiro e perder a sua alma?" (Marcos 8.36). Isso se aplica tanto a nações quanto a indivíduos, pois uma nação que perde sua coragem espiritual envelhecerá antes do tempo. Se alcançarmos todos os nossos objetivos materiais e sociais, mas perdermos a nossa alma, o resultado será desastroso. Hubert Humphrey, o vice-presidente de Johnson, declarou: "Não basta termos abundância; precisamos ter também o espírito".

Tanto o presidente Johnson quanto seu vice reconheceram que existe uma dimensão espiritual na liderança. Theodore Roosevelt disse certa vez: "A Casa Branca é um púlpito e tanto". De fato, é mesmo! De seus gabinetes em Washington, os líderes dos Estados Unidos têm a oportunidade de conduzir o país a novos patamares de justiça social e prosperidade econômica. Também têm a chance de levar a nação a alcançar seus mais elevados níveis morais e espirituais. Jesus Cristo declarou: "A quem muito foi dado, muito será exigido" (Lucas 12.48). Os que detêm maior poder são os que necessitam de maior orientação.

Ninguém governa, a não ser pela vontade de Deus. Os líderes ocupam seus cargos não apenas pelo mandato popular, mas porque existe um mandato maior que o das urnas. Eles têm responsabilidades não só para com o povo dos Estados Unidos e do mundo; têm grande responsabilidade para com o Deus dos nossos pais.

Uma solução para os nossos problemas?

Até o observador mais desatento vê claramente que existe um vazio espiritual cada vez maior na nação. A riqueza e a prosperidade podem torna-nos complacentes e negligentes em relação às questões espirituais. Jesus disse: "Nem só de pão viverá o homem" (Mateus 4.4). Muitas nações tentaram e falharam. A Alemanha declarou neutralidade em relação à religião durante a década de 1930. Essa neutralidade criou um vácuo espiritual, e a primeira filosofia robusta que apareceu preencheu aquele vazio de uma forma avassaladora. Na minha opinião, foi isso que gerou o nazismo e todo o inferno da Segunda Guerra Mundial. A Bíblia afirma claramente: "Onde não há revelação divina, o povo se desvia" (Provérbios 29.18).

Os Estados Unidos estão enfrentando problemas monumentais nas relações exteriores, desde o sul da própria fronteira até o Oriente Médio e o Extremo Oriente. No âmbito nacional, enfrentamos alta taxa de desemprego, crises econômicas, crescimento alarmante nas estatísticas criminais, crise moral e muitas pessoas com problemas psicológicos lotando os hospitais.

Essas dificuldades se tornarão mais intensas e mais complicadas daqui para a frente.

Parece não haver nenhuma solução permanente para esses problemas. Tentamos um método aqui, outro ali, mas são apenas medidas paliativas. Será que erramos no diagnóstico das mazelas do mundo? Será que o general MacArthur estava certo quando disse, durante a Segunda Guerra Mundial: "O problema, basicamente, é teológico [...]. É preciso haver um avivamento do espírito para que possamos salvar a carne"?

Conheci muito bem vários presidentes e suas equipes, e sei que eles acreditam que o general MacArthur estava certo — que os nossos problemas são basicamente espirituais e requerem uma solução espiritual. Essa solução espiritual foi esboçada por Deus ao rei Salomão há muito tempo: "Se o meu povo, que se chama pelo meu nome, se humilhar e orar, buscar a minha face e se afastar dos seus maus caminhos, dos céus o ouvirei, perdoarei o seu pecado e curarei a sua terra" (2Crônicas 7.14).

Se os problemas que surgirão nos próximos quatro anos fossem enfrentados com espírito de oração e humilde dependência de Deus, a visão e os propósitos dos Estados Unidos seriam revigorados de tal maneira que o mundo olharia para nós com admiração.

No decorrer do mandato de qualquer administração, há momentos de desânimo, abatimento e até desilusão. Pode haver momentos em que os nossos líderes se sentirão como Woodrow Wilson se sentiu quando o Senado rejeitou sua proposta para a Liga das Nações.[1] Quando a notícia chegou por telefone à Casa Branca, Wilson desabafou: "A minha vontade é ir para a cama e não sair mais de lá". Ele não conseguiu dormir naquela noite; e às 3 horas da madrugada chamou o dr. Cary T. Grayson, seu amigo e médico particular, dizendo: "Doutor, o Diabo é um cara ocupado".

---

[1] Thomas Woodrow Wilson (1856-1924), laureado com o prêmio Nobel da Paz em 1919, governou os Estados Unidos de 1912 a 1921, durante a Primeira Guerra Mundial (1914-1918). Membro do Partido Democrata, interrompeu uma série de mais de dezesseis anos de presidentes republicanos. Foi a figura-chave por trás da Liga ou Sociedade das Nações – fundada durante a Primeira Guerra Mundial para manter a paz internacional. [N. do R.]

Mais tarde, já de manhã, Wilson pediu a Grayson que lesse as palavras consoladoras de Paulo em 2Coríntios: "De todos os lados somos pressionados, mas não desanimados; ficamos perplexos, mas não desesperados; [...] abandonados; abatidos, mas não destruídos" (2Coríntios 4.8,9). Virando-se para Grayson, o presidente disse: "Doutor, se eu não fosse cristão, acho que ficaria louco; mas a minha fé em Deus permite que eu me agarre à certeza de que, de alguma maneira, ele está executando seus planos, apesar dos erros humanos".

Séculos atrás, Moisés levantou-se diante do povo de Israel e disse:

> "Quando vocês estiverem sofrendo e todas essas coisas tiverem acontecido [...] vocês voltarão para o SENHOR, o seu Deus, e lhe obedecerão. [...] ele não os abandonará, [...] nem se esquecerá da aliança que com juramento fez com os seus antepassados" (Deuteronômio 4.30,31).

Em plena Guerra Civil, Abraão Lincoln lia a Bíblia regularmente. Ele memorizava passagens e usava a Palavra de Deus para ajudá-lo a tomar decisões e resolver problemas. Na hora de decidir o que era certo e errado, o Deus da Bíblia era o Supremo Tribunal de Lincoln. Os problemas colossais que ele teve de enfrentar levaram-no às Escrituras e aos joelhos dobrados em oração. Foi essa humilde dependência de Deus que preservou a União.

A história é cheia de crises, mas a boa notícia do evangelho é que Deus é *pelo* ser humano, e, na maior crise que este mundo já enfrentou — quando Jesus foi levado à cruz —, Deus transformou a tragédia em triunfo e operou a redenção de todos aqueles que nele confiam.

A necessidade de termos líderes salvos

Lembro-me de ter visto na parede do gabinete do presidente Johnson, na Casa Branca, uma carta amarelada envolta numa moldura. Ela havia sido escrita para o bisavô de Johnson, Baines, mais de cem anos antes, e trazia a assinatura audaciosa — quase provocadora — de Sam Houston.

O motivo da carta era que o bisavô de Johnson havia levado o general Sam Houston a ter um encontro salvador com Jesus Cristo. A conversão transformou aquele rude e violento herói de San Jacinto num homem pacífico, feliz e com um propósito na vida. Como escreveu Marquis James em sua biografia de Houston, *The Raven* [O corvo]:

> A longa busca pelo descanso espiritual terminou quando Houston se ajoelhou diante do altar e pediu para ser recebido na Igreja; e, aos 19 de novembro de 1858, o convertido desceu às águas geladas do riacho Rochoso e foi batizado. Uma publicação da igreja da mesma época dizia: "O anúncio da conversão do general Houston causou surpresa e admiração em muitas pessoas que achavam que não adiantava mais orar por ele".[2]

Na época, alguém disse a Sam Houston:
— Bem, General, ouvi dizer que todos os seus pecados foram lavados.
— Espero que sim. — respondeu ele. — Mas, se todos eles foram levados pelas águas, que Deus proteja os peixes!
No dia em que Sam Houston foi batizado, ele se ofereceu para pagar metade do salário do pastor. Quando lhe perguntaram o motivo, ele respondeu: "A minha carteira também se converteu".
Essa novidade de vida espiritual na qual o avô do presidente ajudou o general Sam Houston a entrar é a mesma fé transformadora de que necessitamos hoje, se quisermos ter sucesso no nosso encontro com a eternidade. Aquela carta, escrita por um valente texano ao bisavô de um dos maiores presidentes dos Estados Unidos, é uma evidência encorajadora da existência de um senso de direção moral. A carta em si é importante, mas o fato de o presidente tê-la pendurado em seu gabinete também é significativo, pois indica que no mais alto posto do governo havia o anseio por uma ênfase espiritual nas questões nacionais.

---

[2] JAMES, Marquis. **The Raven:** The Life Story of Sam Houston. New York: Blue Ribbon Books, 1929.

ESCOLHAM LÍDERES QUE CONFIEM EM DEUS

Os Estados Unidos foram fundados sobre princípios espirituais. Na Declaração de Independência, os patriarcas fundadores reconheceram a dependência de Deus e quanto todos nós necessitamos do Senhor. Além disso, a esmagadora maioria dos patriarcas reconhecia que a nação precisava de líderes que admitissem a dependência real de Deus. É por isso que considero encorajador o fato de o 36º presidente dos Estados Unidos — e outros desde então — expressar abertamente sua dependência de Deus. A carta de Sam Houston que Lyndon Baines Johnson pendurou em seu gabinete dizia, simbolicamente, que ele tinha respeito pela "antiga fé" que havia guiado sua família, seu estado e sua nação durante gerações.

Enquanto esta grande nação segue seu caminho sob o governo de uma contínua sucessão de líderes, oro para que o povo dos Estados Unidos tenha o cuidado de eleger governantes que demonstrem essa mesma fé. Oro para que cada administração renove seu compromisso com os princípios morais e espirituais que têm fortalecido a nação desde sua fundação.

16

O EVANGELISMO DEVE VIR EM PRIMEIRO LUGAR

Faz só alguns anos que entramos no terceiro milênio após o nascimento do nosso Salvador, e a Igreja nunca teve de enfrentar tantos desafios em tantas áreas diferentes: social, política, demográfica, econômica e filosófica.

Diante desses desafios, a Igreja de hoje muitas vezes parece estar paralisada e confusa, dilacerada por divisões e incertezas. Em vez de sermos sal e luz no mundo, contentamo-nos em nos refugiar nos nossos guetos eclesiásticos, envolvidos com os nossos assuntos internos, sem nos preocuparmos com as necessidades mais profundas daqueles que nos rodeiam. Aos olhos de muitos, a religião perdeu a relevância e é só uma relíquia do passado.

Apesar das dificuldades, o século XXI poderia marcar a maior expansão evangelística da história da Igreja cristã. Para que isso aconteça, porém, a Igreja (em toda a sua diversidade) precisa enfrentar os desafios e mobilizar todos os recursos materiais e espirituais possíveis para anunciar o evangelho que nos foi confiado.

Os desafios que enfrentamos hoje

Vejo pelo menos quatro tendências que desafiam o evangelismo mundial atualmente.

1. A urbanização acelerada. A população do mundo hoje é de mais ou menos 7 bilhões de pessoas — aproximadamente o triplo da população do início do século XX. Pelo menos metade dessas pessoas vive em grandes cidades — desligadas de suas raízes, mudando de endereço o tempo todo, muitas vezes lutando pela sobrevivência em meio à pobreza extrema e potencialmente explosiva, politicamente falando, porque seus sonhos podem ter sido sepultados pela desilusão e pelo desespero. Mais de 50% da população mundial tem menos de 25 anos de idade, e nas partes mais pobres do mundo essa proporção é muito maior.

2. *O secularismo galopante*. Uma das mais desanimadoras tendências históricas desde o século passado ou antes é a "descristianização" de muitos dos antigos baluartes cristãos (principalmente na Europa) por causa do avanço maciço do secularismo. Entretanto, o secularismo também tem impacto crescente em outras partes do mundo, como no Sudeste da Ásia, por exemplo. A maioria das pessoas que vivia nos antigos países comunistas da Europa Oriental não abandonou sua visão de mundo secular, embora se tenha libertado das armadilhas marxistas.

O secularismo pode ter várias atitudes em relação à religião, desde uma total indiferença até a feroz hostilidade. Em sua raiz, entretanto, o secularismo sempre exclui Deus do mundo e da vida diária, e o secularista vive para o presente, sem nenhuma referência a Deus ou a seus valores morais e espirituais absolutos. Pessoas com uma perspectiva secular da vida geralmente não sentem muita necessidade de religião e, portanto, são indiferentes ou mesmo refratárias à mensagem cristã.

3. *A expansão das religiões não cristãs*. Enquanto o secularismo cresce em algumas partes do mundo, outras estão passando por um profundo despertar espiritual. Isso se deve em parte à suspeita de que o secularismo não conseguiu dar respostas satisfatórias para as questões fundamentais da vida. Por consequência, algumas religiões não cristãs tornaram-se cada vez mais arredias às tendências secularistas do Ocidente, temendo a morte de suas tradições. Em muitos casos, como no islamismo, por exemplo, elas se tornaram cada vez mais militantes e agressivas, e alguns países que adotaram uma dessas religiões como a religião oficial do Estado aprovaram leis restringindo qualquer influência ou atividade cristã.

Mesmo em países como os Estados Unidos, está havendo um surto de interesse em assuntos religiosos. Entretanto, nem todo esse interesse está voltado para o cristianismo histórico; seitas e tradições religiosas não ocidentais também estão crescendo.

4. *O deslocamento das fronteiras nacionais e o surgimento de novos campos.* A última década do século XX será lembrada pelos historiadores como um divisor de águas da era moderna. O colapso do marxismo na Europa Oriental e na antiga União Soviética provocou mudanças extraordinárias, cujo impacto ainda não podemos avaliar completamente.

No entanto, do ponto de vista do evangelismo cristão, esse fato marcou uma das maiores aberturas para o evangelho em toda a história da Igreja. Nunca antes uma área tão grande, habitada por centenas de milhões de pessoas, abriu-se tão repentina e completamente para a atividade evangelística. Na maior parte dessas áreas, um remanescente cristão sobreviveu aos ferozes ataques do ateísmo, mas essas igrejas não têm condições de evangelizar seus países sem ajuda externa. Contudo, os que vêm de fora para evangelizar têm de aprender a temperar seu entusiasmo com muita oração, planejamento estratégico, sensibilidade cultural e o desejo de trabalhar em parceria com os que já estão ali.

Que outros campos surgirão nas próximas décadas? Será que as transformações que estão em curso no Oriente Médio ou na Ásia significam que as portas se abrirão para o evangelismo cristão vindo de outras partes do mundo?

À medida que avançarmos pelo século XXI, talvez vejamos portas se fechando para o evangelismo e o aumento da polarização religiosa em algumas partes do mundo. Países historicamente cristãos praticamente abandonaram suas raízes cristãs e se tornaram alvo de um proselitismo agressivo por parte das religiões não cristãs.

Coisas que não mudam

Em meio a tantas transformações ocorrendo no mundo, cabe unicamente à Igreja declarar por palavras e ações que existem coisas que nunca mudam.

É a mensagem de que Deus — o supremo, imutável, onipotente Criador do Universo — ama a humanidade e quer que nós o conheçamos pessoalmente. É a mensagem de que a humanidade se afastou de Deus — rebelou-se contra sua vontade revelada e, por causa do pecado, é inimiga de Deus e de seus semelhantes. É a mensagem de que Deus tomou a iniciativa de acabar com o abismo que se formou entre ele e a humanidade, e fez isso vindo à terra na pessoa de Jesus Cristo. É a mensagem de que há esperança no futuro porque Cristo ressuscitou dos mortos e reinará vitorioso sobre todas as forças do mal e sobre a morte e o inferno.

Não, Deus não mudou, nem a natureza do coração humano mudou. E é por isso que o evangelho é relevante para todo indivíduo em todas as culturas: a despeito de todas as diferenças culturais, étnicas, econômicas e políticas que nos separam, as necessidades, as aflições e os temores mais profundos do coração humano são os mesmos. O evangelho ainda é "o poder de Deus para a salvação de todo aquele que crê: primeiro do judeu, depois do grego" (Romanos 1.16).

Outra coisa que também não mudou foi a comissão de Cristo para a Igreja: "Vão pelo mundo todo e preguem o evangelho a todas as pessoas" (Marcos 16.15).

Essa ordem, reforçada por um profundo amor por Cristo e pelo próximo — levou os cristãos primitivos a irem de um extremo ao outro do Império Romano. Muitas vezes pagando com a própria vida o preço da sua lealdade. Obedecendo a essa mesma ordem, missionários e evangelistas através dos séculos têm levado a mensagem do amor de Deus em Cristo aos lugares mais remotos da terra.

Evangelismo eficaz neste século

Será que a Igreja de Jesus Cristo conseguirá vencer os desafios do século XXI, com toda a sua confusão e complexidade? Ou os cristãos se retirarão lenta, mas inexoravelmente, para seus guetos eclesiásticos, sua mensagem desprezada e seus esforços débeis e inúteis? Está na hora de a Igreja responder a essas perguntas honestamente.

O que precisa acontecer para que a ordem de evangelizar seja cumprida, de modo que o século XXI se torne o século de ouro do evangelismo em toda a História? Deixe-me sugerir quatro chaves para o evangelismo eficaz — princípios básicos de evangelismo que sempre foram válidos, mas que assumem um caráter ainda mais urgente em face dos desafios do mundo moderno.

1. *A redescoberta da mensagem bíblica integral.* As pesquisas apontam sempre que, se perguntarmos às pessoas no mundo ocidental se elas creem em Deus, Jesus, céu ou quaisquer outras doutrinas básicas da fé cristã, um grande número responderá que sim. No entanto, a vida dessas mesmas pessoas mostra pouca ou nenhuma evidência de uma fé salvadora. Por quê? Um dos motivos é que, se perguntarmos a elas "O que é ser cristão?", veremos que elas conhecem muito pouco sobre o que a Bíblia diz a respeito dessa questão crucial.

A tarefa evangelística deveria, antes de tudo, mandar-nos de volta ao estudo da Bíblia, com dedicação e oração, para desvendarmos o cerne da mensagem de Deus para um mundo incrédulo. Isso também significaria a volta à prioridade bíblica do evangelismo. É triste constatar que em muitas igrejas de hoje (e para muitos cristãos, individualmente) o evangelismo vem em último lugar na lista de atividades normais da congregação ou denominação.

Até mesmo uma leitura superficial do Novo Testamento mostra que o evangelismo era a prioridade da igreja primitiva. Os cristãos são chamados por Deus a fazerem muitas coisas, mas uma igreja que não põe o evangelismo em primeiro lugar perdeu a visão de sua principal função diante de Deus.

O evangelismo bíblico precisa ser muito mais enfatizado na educação teológica também — de fato, ele deveria permear todos os aspectos do currículo de um seminário, em vez de ser um apêndice menor, como muitas vezes acontece.

No entanto, a recuperação da prioridade do evangelismo não nos deve levar a fazer uma falsa distinção entre a proclamação do evangelho e a preocupação com os problemas sociais. Ambos fazem parte do chamado de Deus e devem andar juntos. Um cristão que não expressa o amor de Deus pela humanidade através do serviço compassivo não está vivendo seu discipulado plenamente. O mesmo se aplica ao cristão que não manifesta o amor de Deus pela humanidade por meio do testemunho verbal. A Bíblia diz que Jesus "ia passando por todas as cidades e povoados, ensinando nas sinagogas, pregando as boas-novas do Reino e curando todas as enfermidades e doenças" (Mateus 9.35). Imediatamente depois, ele comissionou os 12 discípulos para fazerem a mesma coisa.

Os cristãos de hoje que têm um interesse especial pelo evangelismo descobriram novas dimensões dessa diversidade de ministérios. O artigo 5º do Pacto de Lausanne de 1974 declara:

> Afirmamos que Deus é o Criador e o Juiz de todos os homens. Portanto, devemos partilhar o seu interesse pela justiça e pela reconciliação em toda a sociedade humana, e pela libertação dos homens de todo tipo de opressão. [...]. A salvação que alegamos possuir deveria estar nos transformando na totalidade das nossas responsabilidades pessoais e sociais.

2. *A mobilização de toda a igreja.* Por muito tempo, temos presumido que evangelizar é tarefa para apenas alguns profissionais, ou algo que o pastor pode fazer sozinho (além de realizar um monte de outras tarefas todos os dias). Essa ideia não condiz com o Novo Testamento nem é realista, se o objetivo é vencer os desafios das próximas décadas. A tarefa é simplesmente gigantesca. O professor Michael Green afirmou, com muita propriedade:

> Em todos os períodos em que o cristianismo se mostrou mais forte e dinâmico, o evangelismo partiu da igreja local e teve um impacto perceptível nas regiões vizinhas. Não creio que a recristianização do

Ocidente possa ocorrer sem a renovação das igrejas locais em toda essa área de evangelismo.[1]

A igreja primitiva não se espalhou apenas pela pregação daqueles poucos que tinham dons especiais como pregadores e evangelistas, por mais importantes que eles tenham sido. Os cristãos comuns que testemunharam fielmente a seus vizinhos pagãos através do evangelismo pessoal tiveram um papel decisivo. Paulo escreveu à jovem igreja de Tessalônica: "Partindo de vocês, propagou-se a mensagem do Senhor na Macedônia e na Acaia. Não somente isso, mas também por toda parte tornou-se conhecida a fé que vocês têm em Deus" (1Tessalonicenses 1.8).

Se quisermos que o evangelho seja divulgado de forma eficaz, é preciso que a Igreja inteira — tanto o clero quanto os leigos — se mobilize para o evangelismo novamente. O professor George Hunter escreveu:

> O cristianismo ocidental precisa de uma quantidade imensa de congregações com um foco deliberadamente missionário — igrejas que abandonem o modelo de ministério que se dedica simplesmente a cuidar dos fiéis —, cujo principal alvo seja alcançar e discipular pessoas que ainda não creem.[2]

Isso significa que precisamos dedicar-nos mais ao treinamento no discipulado — treinamento que inclui o evangelismo. Significa que devemos arrepender-nos das nossas concessões e do nosso fracasso em demonstrar o poder transformador e o amor de Cristo na nossa vida, aprendendo novamente o que significa ser sal e luz num mundo decadente e imerso em trevas. Muitas vezes, o mundo incrédulo rejeita a nossa mensagem porque não vê diferença entre cristãos e não cristãos.

---

[1] GREEN, Michael. **Evangelism Through the Local Church**. Nashville, TN: Thomas Nelson, Inc., 1992.
[2] HUNTER, George apud HULL, Bill. **Can We Save the Evangelical Church?** The Lion Has Roared. Grand Rapids, MI: Fleming H. Revell, 1993.

Significa também que devemos incentivar a descoberta e o desenvolvimento do dom espiritual do evangelismo em todas as suas manifestações. Na igreja, Deus "designou alguns para apóstolos, outros para profetas, outros para evangelistas, e outros para pastores e mestres" (Efésios 4.11). Esse dom nunca foi retirado da igreja. Alguns o exercem com crianças ou jovens; outros, com seus vizinhos ou colegas de trabalho; outros, num ministério de pregação pública. Não importa como seja exercido, esse dom deve ser indissociável do ministério integral da igreja, não um trabalho isolado ou independente, desvinculado da igreja ou até combatido por ela.

3. *A disposição para explorar novos métodos e novos campos*. Métodos que funcionaram no passado para chamar a atenção das pessoas para a igreja e atraí-las para seus programas não funcionarão necessariamente numa era saturada de meios de comunicação. Não é por acaso que as igrejas mais bem-sucedidas em alcançar bairros e cidades para Cristo sejam exatamente as que se mostram mais flexíveis e adaptáveis em seus métodos. Por exemplo, só porque achamos que as pessoas que não frequentam nenhuma igreja *deveriam* ir à igreja para o culto de domingo de manhã, isso não quer dizer que elas *irão*. E, se esse for o único canal de contato de uma igreja com os que não são seus membros, não será surpresa se ela for perdendo sua importância na sociedade e poucas pessoas se converterem a Cristo.

Nos Estados Unidos, algumas igrejas têm cultos no sábado à noite (além dos cultos de domingo) porque perceberam que os descrentes que vivem em suas áreas de atuação são mais propensos a ir à igreja nesse dia. É claro que isso não se aplica necessariamente a outras igrejas; o ponto principal é que precisamos parar e analisar a situação, e depois usar de criatividade para agir.

Em algumas comunidades, será necessário desenvolver programas específicos para atender às necessidades de determinados grupos — pessoas solteiras, mães e pais solteiros, adolescentes, idosos, empresários, e assim por diante. Cada um desses grupos tem necessidades próprias, que muitas vezes podem ser o ponto de contato entre essas pessoas e a igreja.

Não quero que me entendam mal. Evangelismo é mais que apenas aplicar métodos e, na verdade, os métodos podem até atrapalhar o evangelismo autêntico. Os métodos são necessários, mas podem facilmente se tornar um fim em si mesmos, deixando de ser vistos como instrumentos ou meios usados no evangelismo.

4. *A dependência total e incondicional de Deus*. Para mim, sempre houve um maravilhoso mistério na pregação do evangelho. Deus nos manda ser fiéis na proclamação da Palavra; mas, ao mesmo tempo, todo sucesso, todo progresso, não importa quão pequeno seja, só é possível porque Deus age por meio do Espírito Santo. O Espírito nos dá a mensagem, conduz-nos àqueles que ele preparou, e gera a convicção do pecado e da nova vida.

Quando compreendemos essa verdade, ela nos liberta da tentação de recorrer à manipulação ou pressão. Ela também nos liberta de qualquer traço de orgulho ou pretensão, porque sabemos que Deus, e somente ele, merece todo o crédito por qualquer obra que seja realizada.

Quando compreendemos essa verdade, também nos damos conta da extrema importância da oração no evangelismo. Estou plenamente convencido de que o meu próprio ministério só foi possível por causa dos inúmeros homens e mulheres que oraram por mim. Nunca estive diante de uma audiência sem sentir essa cobertura de oração e sem sentir também a minha própria dependência de Deus Espírito Santo para a realização dessa obra. As palavras de Zacarias deveriam estar escritas com tinta indelével no nosso coração e na nossa mente: "Não por força nem por violência, mas pelo meu Espírito, diz o Senhor dos Exércitos" (Zacarias 4.6).

A palavra de Deus para o terceiro milênio

O que Deus está dizendo para nós no século XXI? Aos que fazem parte do grupo dos que são indiferentes a Deus, sua mensagem é clara: Venham para mim enquanto há tempo. Eu os criei. Eu os amo. Providenciei um caminho para que vocês possam conhecer-me pessoalmente, por meio da fé em Cristo.

Já para aqueles que são seus, porém, Deus diz: Sejam fiéis a Cristo, sejam fiéis ao seu chamado, levem outros a Cristo, com suas palavras e ações. Será que o século XXI marcará o maior crescimento que a Igreja cristã jamais experimentou — ou sua maior derrota?

As palavras do arcebispo George Carey, em seu discurso de posse, em 1991, merecem ser lembradas:

> Ai de nós, se pregarmos religião em vez do evangelho [...]. Ai de nós, se pregarmos uma mensagem que só se preocupa com a nossa santidade interior e não relaciona a nossa fé com o mundo ao redor [...]. E ai de nós, se não transmitirmos às futuras gerações os impenetráveis tesouros de Cristo, que são a própria pulsação da Igreja e sua missão.

Esse é o nosso desafio.

17

FAÇAM A COLHEITA

Creio que o Espírito Santo está entrando de uma forma diferente nos países e nas instituições por todo o mundo. Num acontecimento raro na História, os convertidos oriundos de religiões não cristãs estão começando a ser contados às centenas, em vez de um por um.

Precisamos aproveitar esse espírito de inquietação e transformação que se manifesta no mundo inteiro. Antigos regimes políticos estão desmoronando. Revoluções e mudanças estão por toda parte. As nações se armam como nunca se viu antes. Muitos líderes mundiais reconhecem extraoficialmente que acreditam que o mundo está à beira do Armagedom. Mas as mudanças radicais e as crises nos desafiam a procurar formas criativas de evangelismo. Podemos estar vivendo nos "últimos dias".

Na minha opinião, precisamos mobilizar os jovens de todos os continentes que foram ganhos recentemente para Cristo. Não creio que em outra época da História tenha havido tantos jovens comprometidos com Cristo no mundo inteiro. Eles estão à espera de motivação e orientação para a mais decisiva e emocionante cruzada e revolução da História — *evangelizar o mundo!*

As igrejas localizadas fora dos Estados Unidos e da Europa estão extremamente conscientes de sua responsabilidade nas missões mundiais. Fui informado, há poucos anos, que existem mais de 200 conselhos missionários em igrejas da África, Ásia e América Latina. Essas sociedades enviam missionários da Coreia, da Indonésia, da África para países nos quais missionários da América do Norte e Europa não conseguem entrar. Precisamos desenvolver novos modelos de parceria em que cristãos de países ricos possam cooperar com essas organizações missionárias em oração, suporte financeiro e comunhão.

Creio que precisamos ver o nacionalismo não como uma ameaça, mas como uma oportunidade. Jesus Cristo não era ocidental. Não sabemos qual era a cor de sua pele. Provavelmente era morena e bronzeada como a da maioria das pessoas naquela região. Ele nasceu numa parte do mundo que toca a Ásia, a África e a Europa — mas era o Filho de Deus, que foi enviado para remir "o mundo inteiro". Precisamos buscar meios de ajudar as pessoas dos países em desenvolvimento a encontrarem sua verdadeira identidade em Jesus Cristo, não nas práticas pagãs.

Boa parte do mundo católico representa um novo desafio para os evangélicos de hoje. Conversei com pastores da Bélgica alguns anos atrás, e eles me falaram sobre grandes mudanças de atitude entre os católicos. Durante uma cruzada no Brasil, quase não pude acreditar nas tremendas mudanças que houve ali, principalmente nos últimos meses. Um missionário que trabalhou durante quase trinta anos na Colômbia estava pregando há pouco tempo quando uma freira se aproximou e perguntou o que ela precisava fazer agora que se havia convertido. Ele respondeu que ela deveria procurar a madre superiora e contar o que havia acontecido. Então, ela respondeu calmamente: "Eu sou a madre superiora".

Precisamos orar e estar preparados para evangelizar em partes do mundo cujas portas estão aparentemente fechadas; algumas já estão entreabertas; outras podem abrir-se logo. Precisamos chegar até esses irmãos em oração e comunhão amorosa sempre que possível. Ao mesmo tempo, devemos crer que Deus abrirá uma porta para que possamos trabalhar com ele na evangelização, a despeito dessas cortinas políticas e religiosas.

Mantendo os fundamentos essenciais da fé

Sempre considero interessante o fato de que o grupo que Jesus mais atacou foram os fariseus, como registra Mateus 23. Os fariseus haviam começado como um movimento de reforma que honrava Deus. O judaísmo estava em desobediência. O povo judeu não queria arrepender-se, e o juízo, a derrota e o exílio caíram sobre ele. Seitas e partidos como os zelotes, os saduceus e os fariseus surgiram como "corretivos" para a degeneração religiosa disseminada. Eles nasceram do fervor de obedecer às Escrituras e seguir seus ensinamentos à risca. Contudo, os movimentos logo foram dominados por questões periféricas e outras influências — até que eles mesmos precisaram de correção!

Podemos apontar, ao longo da História, várias medidas e movimentos corretivos que surgiram dentro da Igreja e acabaram seguindo o caminho dos fariseus. O protestantismo, por exemplo, foi o corretivo gigantesco no século XVI. Mas, com o passar do tempo, partes dele degeneraram, transformando-se num formalismo sem vida e quase tão ruim quanto aquele contra o qual se revoltaram. Kierkegaard escreveu:

> O luteranismo é um "corretivo", mas um corretivo que se transforma em norma torna-se confuso para a segunda geração. E, a cada nova geração que o adota, as coisas pioram ainda mais, até chegar a um ponto em que se verifica que o "corretivo" está produzindo exatamente o oposto de sua descrição original.[1]

Na visão de Kierkegaard, portanto, o principal problema do luteranismo na Dinamarca do século XIX foi este: muita crença e pouca prática.

Por outro lado, durante os últimos setenta e cinco anos, o liberalismo e o radicalismo teológico tornaram-se não apenas inocentes modificações do cristianismo, mas, em alguns casos, uma religião totalmente nova e diferente — uma religião que negava o sobrenaturalismo bíblico, uma religião que não precisava da verdade revelada e da graça redentora. Deus levantou o evangelicalismo não apenas como um corretivo para esse liberalismo corrosivo, mas também como uma vigorosa reafirmação do cristianismo histórico do século I.

---

[1] CAPPELØRN, Niels Jørgen; STEWART, Jon (Eds.). **Kierkegaard Revisited:** Proceedings from the Conference "Kierkegaard and the Meaning of Meaning It". Berlin: Walter de Gruyter & Co., 1997. p. 105.

Creio que através de muitos movimentos surgidos dentro da Igreja em todo o mundo, e através de muitas organizações paraeclesiásticas, Deus mais uma vez levantou uma liderança evangélica forte. Oro para que não caiamos na mesma armadilha em que os nossos antepassados escorregaram. A ortodoxia teológica é absolutamente essencial, mas não é proteção contra a degeneração espiritual.

Suprindo a grande necessidade

Temos um mandato outorgado por Deus. O último desejo e a última ordem deixada por uma pessoa geralmente são considerados os mais importantes; a última ordem do nosso Senhor foi: "Vão pelo mundo todo e preguem o evangelho a todas as pessoas" (Marcos 16.15). Ele disse também: "Mas receberão poder quando o Espírito Santo descer sobre vocês, e serão minhas testemunhas em Jerusalém, em toda a Judeia e Samaria, e até os confins da terra" (Atos 1.8).

De modo estranho e maravilhoso — cujas razões só Deus conhece —, o nosso Senhor atrelou sua segunda vinda a esses mandamentos, quando declarou: "E este evangelho do Reino será pregado em todo o mundo como testemunho a todas as nações, e então virá o fim" (Mateus 24.14).

A necessidade primordial do mundo hoje é a reconciliação com Deus, e nada trará mais benefícios às pessoas aqui e agora que sua transformação em seguidores convictos e discípulos obedientes do Senhor Jesus Cristo. Precisamos de uma propagação mais eficaz do evangelho e de um discipulado mais rápido e sólido entre as nações.

Nada de concessões

Como conclusão, faço um apelo para não abrirmos mão do fato de que a Bíblia é a Palavra de Deus, infalível e autorizada.

A dura realidade é que a batalha já começou — o inimigo está atacando violentamente. É Deus contra Satanás; céu contra inferno;

verdade contra erro; a Palavra de Deus contra a palavra dos homens. No entanto, por causa da vitória que Jesus Cristo já alcançou, sabemos qual será o resultado — o Rei dos reis estabelecerá seu reino triunfante.

No início da década de 1940, um grupo formado por alguns dos mais eminentes cientistas dos Estados Unidos reuniu-se com o presidente Roosevelt e relatou que eles tinham uma fórmula que poria fim à guerra e mudaria o mundo. No papel, eram apenas algumas letras: "$E=mc^2$" (Energia = massa vezes velocidade da luz ao quadrado). O gênio matemático de Albert Einstein a havia concebido, os principais cientistas dos Estados Unidos a haviam conferido, e dessa fórmula simples veio o segredo da bomba atômica.

No meio de tantos pontos de vista, estratégias, métodos, planos e programas que evangélicos dedicados desenvolveram, o grande segredo do sucesso está numa fórmula simples que precisam controlar todas as ideias e todos os planos que elaboramos para cumprir a comissão do Senhor. A fórmula é: $E=po^2$ (Evangelismo = pessoas vezes oração ao quadrado).

A evangelização do mundo será " 'não por força nem por violência, mas pelo meu Espírito', diz o SENHOR dos Exércitos" (Zacarias 4.6). O nosso planejamento não serve para nada se não começarmos, continuarmos e terminarmos com oração. Precisamos incentivar cristãos em todas as partes do mundo a formarem grandes ondas de oração que possam levar os movimentos evangelísticos a cada nação.

Diante da vida, dos ensinamentos e da ordem de Cristo para que evangelizassem, seus discípulos pediram: "Senhor, ensina-nos a orar" e "Aumenta a nossa fé!".[2] Que sejam esses os nossos pedidos quando nos ajoelhamos diante do Senhor para apressar a evangelização mundial e acelerar sua volta ainda neste século.

---

[2] Lucas 11.1; 17.5. [N. do R.]

18

CINCO PASSOS PARA UM FUTURO GLORIOSO

O que o futuro reserva para os evangélicos? Como estará o evangelicalismo daqui a cinquenta anos? Só Deus conhece o futuro, e devemos ser gratos porque Deus é o Deus do futuro. Por mais que tentemos, as nossas especulações sobre o futuro serão apenas isso — especulações. Se pudéssemos voltar atrás uns cem anos, ficaríamos pasmos de ver quão erradas estavam algumas previsões sobre o século XX. A história é cheia de surpresas, e este século não será exceção. Muitos líderes têm questionado se o mundo realmente verá outro século inteiro.

O crescimento populacional gerará novas pressões e novos problemas éticos. Os avanços tecnológicos provavelmente serão impressionantes, criando novas oportunidades para a divulgação do evangelho — e novos perigos também. O progresso sempre tem um lado ruim, pois o coração humano não mudou.

Contudo, não é a tecnologia que definirá o futuro do evangelicalismo, nem qualquer outra influência externa — social, política, econômica ou intelectual. É verdade que todos esses fatores nos afetarão, mas para os evangélicos voltarem a ser uma maioria significativa há uma exigência: deixar Deus moldar o nosso coração e a nossa mente, e guiar as nossas ações diante de um mundo que se transforma rapidamente. Mencionarei seis fatores que, na minha opinião, determinarão a relevância dos evangélicos no futuro.

Em primeiro lugar, o futuro dos evangélicos dependerá da *nossa visão*. Os dois inimigos da visão chamam-se complacência e desânimo. A complacência nos torna preguiçosos; o desânimo nos paralisa. Poucas coisas nos incapacitam tanto quanto o orgulho e a autossatisfação diante do sucesso, ou o desespero diante do mal. Nós, evangélicos, não somos mais uma minoria desprezada, mas o sucesso deveria fazer-nos dobrar os joelhos e orar, pois seus perigos são imensos.

Como podemos ser complacentes quando mais de dois terços da população mundial não são formados por cristãos, nem mesmo no sentido nominal. E como podemos ficar desanimados se Deus ainda está agindo "a fim de reunir dentre as nações um povo para o seu nome" (Atos 15.14)? Isso ainda está acontecendo em todo o mundo. Muitas vezes, esses novos crentes são uma ínfima minoria, mas mesmo assim fazem parte do grande plano de Deus.

Em segundo lugar, o futuro do evangelicalismo dependerá da *nossa confiança*. Vivemos numa época em que muitas coisas nos entristecem, e às vezes parece que Satanás está atacando com todas as forças, numa última e desesperada tentativa de dominar este mundo. Não devemos ignorar suas artimanhas.

Contudo, será que vamos enfrentar as batalhas espirituais do futuro na força da carne? Ou nos renderemos ao poder do Espírito Santo e usaremos as armas espirituais que Deus nos deu para combater as forças do mal que se levantam contra nós?

Durante a nossa cruzada evangelística em Minneapolis, na década de 1990, a resposta positiva ao evangelho foi uma das maiores que já presenciamos. Creio que o principal motivo para que isso acontecesse foi a oração, pois crentes de praticamente todas as denominações (incluindo católicos romanos) buscaram a face de Deus, intercedendo por sua região. Aqueles cristãos perceberam sua própria impotência, reconhecendo que só Deus poderia romper a dureza do coração humano e derrotar o poder do engano e das trevas.

Em terceiro lugar, o futuro dos evangélicos dependerá da *nossa obediência*. Poucas coisas têm tanto poder para desacreditar o evangelho aos olhos do mundo que o fracasso moral e ético dos que afirmam seguir Cristo. Entretanto, estamos correndo um sério risco de sermos envolvidos pelo espírito da nossa época. Aparentemente, Satanás não precisa inventar tentações novas; a sedução do dinheiro, do prazer e do poder é mais que suficiente para enfraquecer o nosso testemunho e neutralizar o nosso impacto. Num mundo movido pelo ego e entregue ao egoísmo e ao orgulho, os cristãos precisam ser modelos de integridade e moralidade, tanto em sua vida pessoal quanto na operação de suas instituições e organizações.

Em quarto lugar, o futuro dependerá do *nosso amor e compaixão*. Assim como a frouxidão moral, a falta de amor e a indiferença também enfraquecem a nossa mensagem. O amor divino enviou Cristo ao mundo, e esse mesmo amor deve compelir-nos a ministrar a um mundo sofrido e dilacerado. Se estivermos cheios do amor de Deus, procuraremos vencer as barreiras raciais e econômicas que nos separam e que condenam milhões de pessoas ao desamparo e à pobreza. Levaremos o evangelho aos perdidos, pois não há melhor maneira de demonstrar amor que falar aos outros sobre o amor do Salvador.

Precisamos compreender também de forma mais profunda o significado do amor entre os membros do Corpo de Cristo, mesmo quando houver alguma discordância. Satanás deve ficar radiante de felicidade quando acontecem disputas e contendas entre os crentes. Vencer essa desunião talvez seja um dos maiores desafios que teremos de enfrentar nos próximos anos.

Em quinto lugar, o futuro do evangelicalismo dependerá da *nossa fidelidade à Palavra de Deus*. Uma das marcas registradas dos evangélicos sempre foi o fato de crermos que a Bíblia é a única e autorizada Palavra de Deus. Será que, intencionalmente ou não, perderemos a confiança em sua fidelidade para procurarmos fundamentos espirituais em outras fontes?

Provavelmente, nunca houve nenhum período na história da Igreja em que o evangelho não estivesse sofrendo algum ataque. No entanto, os ataques mais devastadores foram geralmente os que partiram de dentro da própria Igreja. Será que isso acontecerá com os evangélicos no futuro?

Certas verdades teológicas são inegociáveis, e mais que nunca temos de procurar ser fiéis à Palavra de Deus, deixando que ela molde o nosso modo de pensar e o nosso comportamento.

Finalmente, o impacto futuro dos evangélicos dependerá da *nossa firmeza*. A maioria de nós nunca passou pelo que Paulo sofreu: "Quando somos amaldiçoados, abençoamos; quando perseguidos, suportamos; quando caluniados, respondemos amavelmente. Até agora nos tornamos a escória da terra, o lixo do mundo" (1Coríntios 4.12,13).

Pode ser que um dia a sociedade se levante contra nós; mas, se seguimos aquele que foi desprezado e rejeitado, poderíamos esperar outra coisa? Ou então, pela providência divina, talvez aconteça exatamente o contrário, e as enormes ondas de secularismo que têm varrido o nosso país sejam revertidas.

Isso, porém, realmente não importa. Somos chamados a perseverar por Cristo e por sua verdade. O nosso chamado não é para sermos bem-sucedidos (segundo os padrões do mundo); é para sermos fiéis.

Paulo exortou os cristãos de Corinto a não cederem às pressões da cultura pagã, agarrando-se firmemente ao Cristo ressurreto. Suas palavras se aplicam a nós, hoje, com a mesma propriedade: "Mantenham-se firmes, e que nada os abale. Sejam sempre dedicados à obra do Senhor, pois vocês sabem que, no Senhor, o trabalho de vocês não será inútil" (1Coríntios 15.58).

Que cada um de nós possa preparar-se para o futuro entregando totalmente a vida a Cristo e à sua vontade.

PARTE V

REFLEXÕES PESSOAIS

19

POR QUE FUNDEI A REVISTA *CHRISTIANITY TODAY*[1]

No final da década de 1940 e início da década de 1950, eu estava muito preocupado com a situação dos evangélicos nos Estados Unidos. Parecíamos confusos, desnorteados, divididos e quase derrotados diante da maior oportunidade e responsabilidade que a igreja jamais tivera em toda a sua história. Esse peso e essa preocupação já me acompanhavam havia meses, e eu sabia que muitos líderes evangélicos compartilhavam esse sentimento.

De certa forma, estávamos praticamente sem liderança, e muitos líderes evangélicos me pediram para convocar uma conferência. Havíamos percebido que o pensamento teológico dentro da igreja tinha sofrido grande mudança nos últimos dez anos. Víamos também que a opinião das pessoas sobre Deus, a Bíblia, a igreja e a necessidade de um despertamento espiritual havia mudado muito. Grandes segmentos da igreja tinham voltado à ortodoxia e aos fundamentos evangélicos e, ao mesmo tempo, a religião se popularizara em todos os estratos da sociedade.

Nos meus contatos com centenas de religiosos de todas as partes dos Estados Unidos, percebi que muitos deles tinham desejo e anseio profundo por um avivamento genuíno. Em toda parte, havia uma nova ênfase no evangelismo. Milhares de jovens pastores estavam realmente no arraial evangélico, no que se refere ao pensamento teológico e ao

---

[1] Embora exista uma versão brasileira intitulada *Cristianismo Hoje*, não se trata de uma tradução direta do exemplar editado nos Estados Unidos. Por essa razão, preferimos manter o título em inglês por ter sido essa a revista fundada originariamente por Billy Graham. [N. do T.]

zelo evangelístico. No entanto, por mais estranho que pareça, algumas das nossas principais denominações, conselhos de igrejas e outras organizações eram dirigidas por liberais extremistas que, na realidade, não representavam a grande maioria de pastores e ministros do país. Mas por quê? Eu estava convencido de que a maioria dos ministros e membros era evangélica. Mas não tínhamos um ponto de referência; não tínhamos nenhuma bandeira ou organização em torno da qual nos reunir. Estávamos divididos, confusos e, de certa forma, derrotados. Precisávamos de uma voz nova, forte e vigorosa que nos chamasse à união — uma voz que fosse respeitada por todos os evangélicos de todos os segmentos das principais denominações.

A necessidade de uma revista evangélica

Fui ficando cada vez mais convencido de que precisávamos muito de uma revista evangélica do mesmo porte que *The Christian Century* [O século cristão] — ou seja, uma revista que alcançasse tanto os pastores quanto os líderes leigos de cada denominação, expondo a verdade do ponto de vista evangélico. Esse vácuo que existia nos Estados Unidos e na Grã-Bretanha precisava ser preenchido.

The Christian Century tem sido a voz do liberalismo teológico nos Estados Unidos há muito tempo. Tem uma influência tremenda. Suas matérias são citadas frequentemente na *Time*, na *Newsweek* e em outras revistas e jornais seculares. Seu jornalismo popular intelectual é leitura obrigatória de milhares de pastores, semanalmente. Na minha opinião, no início da década de 1950, e até um pouco antes, sua influência sobre o pensamento religioso foi maior que a de qualquer outro elemento dentro do protestantismo. Naquela época, não havia nenhum periódico evangélico tão respeitado.

Por isso, reuni um grupo de evangélicos influentes e amigos leais para orar, discutir o assunto e trocar ideias; para buscar a vontade de Deus sobre a questão; e para apresentar propostas concretas que pudéssemos desenvolver e meditar em oração. Propus a criação de uma revista evangélica com as seguintes características:

1. Editoriais contundentes sobre temas atuais — do ponto de vista evangélico.

2. Cobertura completa das notícias — abordar tudo o que for veiculado pelo Serviço de Notícias Religiosas e ter pelo menos uma centena de repórteres espalhados pelo mundo enviando o máximo possível de notícias sobre assuntos religiosos.

3. Em cada número, pelo menos um comentário de uma passagem bíblica, escrito por um dos nossos maiores comentaristas, com profundo conteúdo intelectual, porém numa linguagem simples e acessível a qualquer leitor.

4. Pelo menos um sermão evangelístico.

5. Um resumo do conteúdo de revistas do mundo inteiro, para os pastores entenderem o pensamento do resto do mundo, em termos religiosos e teológicos.

6. Uma seção de ideias e recursos para auxiliar os pastores no preparo de seus sermões.

7. Ocasionalmente, uma boa biografia dos grandes santos do passado, para inspirar e incentivar os pastores mais jovens.

8. Artigos contundentes sobre assuntos relacionados com o cristianismo, como arqueologia etc.

9. Resenhas de livros — cobrindo não apenas os livros religiosos, mas também muitos livros seculares importantes.

Sugeri que a política editorial seguisse estas linhas:

1. Pró-igreja — a revista não deveria tomar partido em disputas entre diferentes denominações nos Estados Unidos. Deveríamos ser construtivos, positivos e não anti-igreja. Eu estava convencido de que havia milhares de ministros do evangelho que poderiam ser ganhos para o evangelicalismo, mas eles não se deixariam

conduzir, e, ao primeiro ataque virulento da revista contra alguma denominação ou conselho de igrejas, poderiam jogar a revista no lixo. Queríamos ganhar a confiança deles aos poucos e, então, de milhares de maneiras sutis, apontar os vários pontos fracos de algumas organizações religiosas. A revista deveria dar o exemplo no amor, algo em que grande parte das entidades evangélicas falhou ao se envolver em contendas e acusações.

2. Essa revista deveria ser totalmente bíblica, evangélica e evangelística. Sugeri, porém, que não usássemos o termo "fundamentalista" nem "conservadora". Achei que a palavra "evangélica" era muito mais adequada e muito menos provocadora.

3. A revista deveria ser não dispensacionalista. Existem milhares de pregadores no país que nos apoiariam nesse projeto, mas não nos apoiariam se nos tornássemos dispensacionalistas.

4. A revista não deveria ser nem amilenarista nem pré-milenarista, mas certamente deveria ser extremamente favorável ao Segundo Advento. Deveríamos apresentar a segunda vinda de Cristo em toda a sua glória sem entrar nas diferentes crenças a respeito do Milênio.

5. A revista deveria defender os progressos sociais e tratar dos grandes problemas sociais do nosso tempo, como a fome mundial, os problemas raciais etc. Deveríamos defender os menos favorecidos e os desvalidos — como todos cremos que Cristo fazia —, mas sem empregar um viés socialista.

6. A revista deveria adotar uma posição política levemente conservadora na interpretação dos acontecimentos (em outras palavras, a política editorial deveria ser "moderada"). Eu acreditava que milhares de religiosos seguiriam uma bandeira plantada no centro, e depois poderiam ser conduzidos discretamente a uma posição genuinamente ortodoxa e a um evangelismo vigoroso.

Sugeri que o nome da revista fosse *Christianity Today*, o título de um periódico presbiteriano que havia deixado de circular alguns anos antes. Sugeri também que ela tivesse de 30 a 50 páginas, no máximo; que fosse impressa no mesmo tipo de papel que a *Christian Century*; que seu jornalismo fosse intelectual, mas expresso em linguagem popular; e que os artigos fossem curtos (já estávamos vivendo numa época em que os pastores não liam artigos grandes e complicados).

A revista traça seu rumo

O grupo se entusiasmou, e tomamos a decisão de lançar a revista, que se tornou a publicação mais lida entre os líderes cristãos. A *Christianity Today* teve sua origem no desejo profundo de apresentar o cristianismo histórico à geração atual. Desprezado, diminuído, distorcido, o cristianismo evangélico precisava de uma voz clara para falar com convicção e amor, e para manifestar sua verdadeira posição e sua relevância diante das crises mundiais.

Uma geração inteira cresceu sem conhecer as doutrinas fundamentais da fé cristã, ensinadas na Bíblia e expressas no credo das igrejas evangélicas históricas. O liberalismo teológico não conseguiu suprir as necessidades morais e espirituais das pessoas. Hoje em dia, sua pregação e teologia não atraem nem as pessoas comuns nem os intelectuais. Na maioria das vezes, tudo o que ele tem a oferecer é especulação vazia que não resolve nem os problemas individuais nem os dilemas da sociedade.

Para o pregador, o retorno à pregação genuinamente bíblica representa uma infindável fonte de sabedoria e poder. Para o leigo, esse mesmo Livro é a luz para a caminhada da vida, o registro deixado pelo único Ser capaz de suprir todas as nossas necessidades agora e por toda a eternidade.

O ministério *Christianity Today* continua acreditando que a solução para toda a confusão teológica que existe no mundo está em Cristo e nas Escrituras. Existem evidências de que um número cada vez maior de pessoas está reencontrando sua fonte de autoridade e poder na Palavra de Deus. Muitas dessas pessoas que buscam a verdade não sabem que existe um grupo cada vez maior de acadêmicos e estudiosos evangélicos espalhados pelo mundo. Nas páginas da *Christianity Today*, escritores e líderes cristãos expõem e defendem as doutrinas básicas da fé cristã com uma erudição reverente a Deus e sem perder de vista a aplicação prática às necessidades desta geração.

Todo o corpo editorial da *Christianity Today* aceita sem reservas a total confiabilidade e autoridade da Palavra de Deus escrita. É convicção de todos que as Escrituras ensinam a doutrina da inspiração plenária. Essa doutrina foi muitas vezes distorcida e mal compreendida. Afirmar e esclarecer o conceito bíblico de inspiração é um dos objetivos da revista.

O conteúdo do cristianismo histórico é continuamente apresentado e defendido. Entre as doutrinas claras que a revista enfatiza estão as de Deus, de Cristo, do ser humano, da salvação e dos últimos tempos. Os maiores eruditos modernos reconhecem o importante papel da doutrina na vida moral e espiritual. Essa ênfase é incentivada nas páginas da *Christianity Today*.

O verdadeiro ecumenismo é promovido através do ensinamento neotestamentário da unidade dos crentes em Jesus Cristo. A manifestação exterior da unidade do Corpo não tem chance de sucesso, se não existir a unidade que só o Espírito Santo pode realizar. A unidade permanente baseia-se numa mesma fé, numa autêntica esperança e no poder regenerador do amor cristão.

A estabilidade e a sobrevivência nacional dependem de qualidades espirituais e morais duradouras. Dizer que o avivamento é a solução para os problemas do país pode parecer uma afirmação simplista diante de tão complexa situação. No entanto, tanto políticos quanto teólogos percebem que a solução fundamental para a crise mundial é teológica. A revista *Christianity Today* enfatiza o impacto que o evangelismo tem na vida cotidiana.

A *Christianity Today* aplica a revelação bíblica à crise social contemporânea apresentando as implicações da mensagem do evangelho em cada área da vida. Esse é um ponto em que o fundamentalismo falhou muitas vezes. Assim como os teólogos e os estadistas, os cristãos comuns também estão percebendo que a solução para os muitos problemas políticos, econômicos e sociais é de natureza teológica. Eles estão buscando orientação na igreja cristã, e estão procurando uma demonstração de que o evangelho de Jesus Cristo é uma força vital e transformadora. Temos a convicção de que acadêmicos evangélicos consagrados a Deus podem fornecer provas concretas e soluções estratégicas.

Estamos cientes de que a moderna teoria científica tem um efeito desagregador sobre a religião. Para combater essa tendência, a revista mostra a identidade entre a revelação divina na natureza e nas Escrituras.

Três anos num seminário teológico não são suficientes para preparar totalmente um estudante para o exercício do ministério. A *Christianity Today* procura complementar o treinamento recebido no seminário através de recursos auxiliares com ajuda para preparação de sermões, aconselhamento pastoral e resenhas de livros elaborados por importantes pastores e estudiosos.

A interpretação das notícias assume uma importância crescente na atual situação mundial. Por isso, temos correspondentes familiarizados com a situação local, tanto nos Estados Unidos quanto em outras regiões do mundo. Através dos relatórios enviados por eles, a *Christianity Today* procura fornecer a seus leitores um panorama abrangente e relevante dos movimentos religiosos e da vida diária ao redor do mundo.

Embora ressalte os principais pontos dos credos históricos, a revista procura evitar diferenças denominacionais que possam gerar polêmicas. Não nos preocupamos em abordar personalidades ou problemas e conflitos particulares de cada uma das várias denominações. Entretanto, se essas questões forem realmente importantes, são apresentadas de forma objetiva.

A *Christianity Today* colabora numa era de problemas e oportunidades ímpares para a igreja com a firme convicção de que a fé evangélica histórica é crucial para a vida da igreja e das nações. Cremos que o evangelho ainda é o poder de Deus para a salvação de todo aquele que crê; que as necessidades básicas da ordem social precisam ser resolvidas primeiramente na redenção do indivíduo; que a igreja como um todo e cada crente em particular têm a responsabilidade vital de serem sal e luz num mundo decadente e cada vez mais mergulhado em trevas.

A revista *Christianity Today* continua a se dedicar à apresentação da racionalidade e da eficácia do evangelho cristão, crendo que uma multidão de verdadeiros cristãos, cuja fé foi enfraquecida, está buscando ardentemente uma fé pela qual possa viver e uma mensagem para proclamar. Fazemos isso com um genuíno amor cristão por todos aqueles que discordam de nós e de quem podemos sentir-nos inclinados a discordar, e com a certeza no coração de que só o Espírito Santo de Deus pode gerar um testemunho eficaz para si mesmo.

20

A MINHA OPINIÃO SOBRE O EVANGELICALISMO NOS DIAS ATUAIS

Nas últimas décadas, muitas mudanças notáveis ocorreram na igreja norte-americana. Uma das mais significativas foi a ascensão do evangelicalismo à posição de movimento religioso mais importante em todo o mundo, e também nos Estados Unidos. Podemos dizer que seu crescimento foi explosivo e que sua força continua a aumentar.

Agradeço a Deus pelo renascimento evangélico que vem ocorrendo nos últimos cinquenta anos. É realmente obra de Deus. Não era assim quando comecei a pregar, e fico maravilhado com o que aconteceu. Junto com esse renascimento do evangelicalismo, vimos grande número de evangélicos assumindo importantes posições políticas. Seja o que for que o futuro reserva para esses movimentos, eles provavelmente já tiveram um impacto histórico.

Vejo ainda outras duas marcas do ressurgimento evangélico que gostaria de discutir mais detalhadamente. A primeira é o surgimento de um novo ecumenismo, e a segunda é uma nova ênfase no evangelismo.

Uma nova visão para o ecumenismo

A nova ênfase na unidade do Corpo de Cristo ou, pelo menos, a maior compreensão e cooperação entre denominações manifesta-se de diversas maneiras. Mencionarei três delas.

1. O crescente entendimento entre católicos romanos e protestantes. Algumas poucas décadas atrás, católicos e protestantes mal falavam uns com os outros abertamente. Entretanto, nos últimos anos das nossas cruzadas, milhares de católicos sentiram-se à vontade para participar. Tenho pregado em faculdades católicas, e até recebi doutorados honorários de algumas delas. Há uns vinte e cinco anos, isso jamais aconteceria.

Em 2004, passei cerca de meia hora com o papa João Paulo II, numa conversa particular. Ele foi extremamente amistoso e se mostrou interessado no nosso trabalho. Eu tinha acabado de vir da Polônia e, é claro, ele queria saber das minhas impressões sobre o país. Conversamos sobre a fé cristã, sobre os pontos comuns e sobre algumas das nossas discordâncias. Senti grande admiração pela coragem moral do papa.

Aquela entrevista com o papa ajudou as nossas reuniões no México, porque os católicos se sentiram livres para participar. Eles viram que eu não era um fanático intolerante. As coisas estão mudando rapidamente na América Latina. As diferenças entre protestantes e católicos continuam grandes e profundas, mas em muitos aspectos os dois grupos estão pelo menos começando a se comunicar.

Uma tendência que considero muito útil é o movimento dentro da Igreja católica no sentido de maior diversidade. Muitas das diversidades observadas no protestantismo evidenciam-se agora no catolicismo romano. É verdade que muitos católicos veem essa fragmentação como enorme perigo. Na prática, porém, o que se observa é que muitos católicos de várias partes do mundo estão redescobrindo as Escrituras como algo vivo e real. Sinto também uma abertura para a adoção de novas abordagens, como o uso da música e de métodos que a igreja evangélica vem usando há muito tempo. Quando estive no Vaticano, falei na vesperal do North American College, um seminário para alunos da América do Norte. Pelo que sei, fui o primeiro protestante a pregar ali. Foi um culto inspirador e cristocêntrico, com muita música contemporânea.

2. Os evangélicos e o movimento carismático. As palavras "Espírito Santo" e "Pentecoste" não são mais uma exclusividade das chamadas denominações pentecostais. O impacto carismático espalhou-se por muitas denominações, até mesmo nas igrejas mais litúrgicas.

O movimento carismático também reuniu cristãos de diversas vertentes e credos. É claro que alguns extremistas deram má fama ao movimento, mas fico feliz em ver muitos líderes carismáticos enfatizando a necessidade de estudo bíblico mais profundo e de uma doutrina bíblica equilibrada. De modo geral, o movimento carismático foi uma força positiva na vida de muitas pessoas.

3. *O renascimento evangélico nas denominações tradicionais.* Há mais evangélicos nas denominações tradicionais agora do que havia trinta anos atrás, principalmente entre os leigos. Os seminários evangélicos cresceram muito, enquanto os mais liberais não têm tantos alunos. Cada vez mais, ex-alunos dos seminários evangélicos estão ocupando os púlpitos de muitas denominações. Muitos líderes denominacionais têm feito declarações surpreendentes, admitindo que precisam olhar com mais atenção e simpatia para o reavivamento evangélico.

Considerando todos esses acontecimentos, precisamos levar a sério a oração do Senhor em João 17: "que sejam um, assim como somos um" (v. 11). Alguém já disse que, quanto mais nos aproximamos de Cristo, mais nos aproximamos uns dos outros. E já existe um ecumenismo em todo o mundo cristão. Todo aquele que conhece verdadeiramente Cristo é membro do Corpo de Cristo — independentemente de rótulo denominacional. Quando falou às sete igrejas da Ásia, por intermédio de João, o nosso Senhor as repreendeu por seus pecados, mas não as exortou a se juntarem todas numa mesma igreja. Não me importo de trabalhar com quem quer que seja, sob qualquer designação, contanto que essa pessoa reconheça o Senhor Jesus como seu Salvador e esteja vivendo como um discípulo cristão.

Em toda a minha vida, nunca vi tanta concordância entre os evangélicos como a que existe hoje em dia. Talvez algumas diferenças sobre questões políticas e sociais estejam mais evidentes hoje por causa da nossa visibilidade. O pêndulo ora tende para um lado, ora para o outro, em assuntos sociais, políticos e econômicos. Mas a maioria dos evangélicos reconhece sua responsabilidade nessas áreas, em certos contextos. Já fui chamado de "liberal" em alguns círculos por causa da minha posição a respeito de questões sociais; e já fui chamado de "conservador" por causa da minha posição teológica. Aceito os dois rótulos e creio que pertenço à linha tradicional do evangelicalismo.

A atual ênfase no evangelismo

Em 1960, um pequeno grupo reuniu-se em Montreux, na Suíça, para discutir a possibilidade de uma união entre os evangélicos. Após vários dias de discussões e debates — e depois de muita oração — cheguei à conclusão de que os evangélicos nunca estarão unidos, exceto em torno de uma palavra: "evangelismo".

Aquela reunião foi a sementeira de ideias que gerou o Congresso de Berlim de 1966, que, por sua vez, levou à realização de vários congressos regionais sobre evangelismo (Amsterdã, Bogotá, Cingapura, Minneapolis, entre outros) e, posteriormente, ao Congresso de Lausanne sobre Evangelismo Mundial, em 1974.

É claro que o evangelismo sempre ocupou um lugar especial no meu coração. Deus me chamou para trabalhar com a semeadura num segmento especial da seara — o que as pessoas chamam de "evangelismo de massas". Mas nem todo evangelismo precisa envolver multidões. Deus inspirou a criação de dezenas de métodos de evangelismo muito eficazes, provavelmente mais eficazes que o nosso. Mas o conceito de cruzada evangelística também foi usado por Deus. As cruzadas dão frutos que vão muito além das reuniões em si. O dr. Robert Evans me contou ter descoberto, só na Europa, mais de 25 organizações evangélicas que surgiram como resultado direto ou indireto das nossas cruzadas naquele continente.

Lembro-me de quando o Senhor abriu todo um novo ministério de evangelismo para nós. Depois das nossas transmissões pela televisão, testamos as chamadas telefônicas para aconselhamento espiritual e deixamos conselheiros à disposição em três cidades. Apesar do reduzido número de telefones e conselheiros, conseguimos atender mais de mil pessoas em cada uma das quatro noites; outros muitos milhares tentaram ligar. Tivemos uma média de 375 pessoas firmando um compromisso com Cristo a cada noite. Não tínhamos um número telefônico para chamadas gratuitas — as pessoas pagavam pelas ligações. Para mim, isso foi um indício de que a fome espiritual entre os americanos era muito maior que os relatórios das cruzadas indicavam.

Fico feliz em ver evangélicos procurando desenvolver novos métodos para alcançar as pessoas. Sempre digo que o mundo não será ganho dentro de um estádio. Na minha opinião, não existe evangelismo de massas — esse é um termo inadequado. Se você fala com duas pessoas, está falando a um grupo. Não há método mais eficaz que o evangelismo pessoal. Para que o evangelismo de massas seja eficaz, sua base deve ser o evangelismo individual.

Pontos negativos

Embora tenhamos muitos motivos para nos alegrarmos com o ressurgimento do evangelicalismo, existem vários pontos em que temos falhado, e eu gostaria de falar um pouco sobre eles.

Individualismo. Existe entre nós uma perigosa tendência ao individualismo — algumas pessoas tendem a agir de forma independente. Também acho que estamos falhando perante a igreja na divulgação mundial das coisas positivas que os evangélicos vêm fazendo, por exemplo na área do serviço social. Outro ponto que me preocupa é que muitas vezes tendemos à superficialidade — uma ênfase excessiva na fé fácil ou na experiência, em detrimento do verdadeiro discipulado. Temos oferecido graça barata e conversões baratas, sem o verdadeiro arrependimento. Além disso, os evangélicos não estão incentivando as habilidades intelectuais como deveriam. Não temos despertado e desenvolvido as mentes da nossa geração. Embora haja muitas exceções, em geral os evangélicos não têm conferido ao mundo grandes pensadores, teólogos, artistas, cientistas etc.

Materialismo. O materialismo e a fartura afetaram negativamente os evangélicos americanos. O aspecto positivo é que a nossa relativa abundância nos permitiu sustentar missionários e ministérios em muitas partes do mundo. Mas o lado negativo é que nos tornamos excessivamente preocupados com o nosso estilo de vida, tanto individual quanto coletivamente. A Bíblia fala a respeito do "engano das riquezas" (Mateus 13.22) e de como ele sufoca a Palavra na nossa vida. Várias das grandes personagens da Bíblia (como Abraão e Davi) eram muito ricas, mas Deus estava em primeiro lugar na vida delas. É a atitude de uma pessoa em relação a seus bens que faz toda a diferença. Ao longo da História, Deus tem levantado homens e mulheres abastados que veem sua riqueza como uma mordomia de Deus — homens como o conde Zinzendorf, lorde Shaftesbury e lorde Dartmouth, que doaram recursos financeiros para que George Whitefield realizasse sua obra evangelística.

É claro que abundância é um conceito relativo. Uma pessoa que para nós é pobre pode ser considerada rica em seu próprio contexto social. Por exemplo, pelos padrões de Bangladesh, um homem que ganhe 600 doláres por ano é considerado rico, já que a renda média naquele país varia entre 50 e 100 doláres por ano. Mas creio que aqueles que vivem em países ricos precisam adotar um estilo de vida mais simples, porque são cidadãos da comunidade mundial e da igreja mundial.

A nossa organização sempre teve essa preocupação. Todos sentimos que Deus requer de nós um estilo de vida mais simples. Já faz alguns anos, a minha mulher e eu nos livramos de algumas coisas às quais talvez estivéssemos muito apegados.

Nós, evangélicos, não devemos esperar ter uma vida mais fácil só porque seguimos Cristo. Não concordo com os que dizem que as pessoas que seguem Cristo não têm problemas na vida. Todos enfrentamos dificuldades — doenças, problemas familiares, dificuldades financeiras — e precisamos preparar-nos para essas situações, aprendendo a viver sem acumular grande quantidade de coisas que podem ser perdidas de uma hora para outra. Também precisamos conscientizar-nos de que Deus pode trazer grandes bênçãos para nós através do sofrimento e das dificuldades.

A coisa mais importante que podemos fazer é aprofundar o nosso relacionamento com Cristo. Se não aprendermos a orar diariamente, será difícil experimentar a paz e o poder de Deus através da oração nos momentos difíceis da vida. Estou convencido de que é fundamental memorizar passagens bíblicas. As Escrituras falam conosco quando buscamos força e sustento no Senhor.

Igrejas impessoais. Outro aspecto negativo do movimento evangélico atual é que algumas igrejas são grandes e impessoais demais. Elas não conseguem realmente ministrar a seus membros. Conheço várias histórias que ilustram essa ideia. Membros de igrejas chegam para mim e dizem que não conseguem falar com o pastor ou com alguém da liderança.

Recentemente, um homem me contou que estava frequentando sua igreja havia mais de um ano e acrescentou: "Acho que não há cinco pessoas ali que sabem como me chamo". Isso é uma tragédia. É claro que algumas igrejas grandes subdividiram a congregação em pequenos grupos para que todas as pessoas pudessem ser atendidas individualmente.

Em algum momento, precisamos parar e analisar cuidadosamente quantas pessoas um único pastor consegue pastorear. Os ministros do evangelho estão entre as pessoas mais sujeitas a crises nervosas e ataques de Satanás, simplesmente porque estão ocupados demais para se dedicarem à sua vida devocional e à família. Muitas igrejas talvez precisem aprender mais sobre o ministério dos leigos. O pastor não deve fazer tudo; ele deve "preparar os santos para a obra do ministério, para que o corpo de Cristo seja edificado" (Efésios 4.12).

Tenho um amigo que pastoreia uma grande igreja presbiteriana. Assim que chegou, foi logo dizendo aos presbíteros que sua família estava em primeiro lugar. Haveria períodos em que estaria fora, e não queria ninguém perguntando por quê. Ele tem uma maravilhosa família cristã, o que é um grande testemunho de vida.

Analfabetismo teológico. Outra coisa que me incomoda profundamente é que muitos evangélicos parecem ser analfabetos teológicos. Uma das maiores necessidades que temos nos Estados Unidos hoje é um ensino bíblico profundo. Se isso não acontecer, creio que muitas distorções e erros surgirão no evangelicalismo no futuro. A propósito, acho que a *Christianity Today* pode ter um papel importante nessa área.

Imposição da moralidade cristã. Uma falha que, na minha opinião, poucos evangélicos percebem é a expectativa de que o mundo viva segundo os padrões cristãos. Não podemos pegar os nossos valores e forçar o mundo a segui-los. Os cristãos precisam reconhecer que, moralmente, vivemos num mundo diferente.

Se uma jovem solteira que estivesse vivendo com um homem e se sentisse feliz naquele relacionamento chegasse para mim e perguntasse o que há de errado nisso, eu diria — se ela não fosse cristã — que, do ponto de vista psicológico, a longo prazo, ela estava cometendo um grave erro.

Do ponto de vista de um futuro relacionamento conjugal, eu diria que os ensinos da Bíblia são para o bem dela. Por exemplo, como pode haver segurança e confiança verdadeiras num relacionamento conjugal, ou em qualquer relacionamento duradouro, se o casamento não é levado a sério?

Por outro lado, se ela fosse uma jovem cristã, eu diria francamente que ela está em pecado. Isso desagrada a Deus. A nossa comunhão com Deus é quebrada quando toleramos o pecado na nossa vida.

Nós, evangélicos, não podemos separar determinado pecado, entre os muitos mencionados na Bíblia, e transformá-lo numa obsessão — embora eu tenha sofrido inúmeras pressões para que fizesse isso, ao longo dos anos. Existe uma diferença entre pecado e pecados. Existe o *pecado* (singular), que é o cerne da nossa enfermidade espiritual; e existem *pecados* (plural), que são os frutos ou sinais da nossa enfermidade. Se gasto todo o meu tempo com os pecados (plural), posso nunca ser capaz de chegar à raiz do problema, que é o *pecado* (singular). O Senhor Jesus Cristo morreu na cruz para resolver o problema do *pecado*, e não os *pecados* individuais apenas.

A questão mais importante

A questão mais importante que enfrentamos atualmente é na verdade a mesma que a igreja sempre enfrentou ao longo da História: Ganharemos o mundo para Cristo? Em outras palavras: Daremos prioridade à ordem que Cristo nos conferiu, de ir pelo mundo inteiro e pregar o evangelho? Ou nos ocuparemos cada vez mais dos nossos próprios problemas e de controvérsias internas, simplesmente nos acostumando cada vez mais com o *status quo*? Viveremos para dentro ou para fora?

Os principais problemas do nosso tempo não são os econômicos, políticos ou sociais, por mais importantes que estes sejam. As questões fundamentais da nossa época são de ordem moral e espiritual, e fomos chamados para declarar o perdão, a esperança e o poder transformador de Cristo a um mundo que não o conhece nem o segue. Que possamos não nos esquecer disso jamais.

21

O MEU PAPEL DURANTE A CRISE DE WATERGATE

Quando o então presidente Nixon pediu que eu celebrasse um culto de Natal na Casa Branca, em 16 de dezembro de 1974, percebi a situação delicada que uma visita desse tipo criaria, em pleno desenrolar do caso Watergate. Entretanto, também percebi a responsabilidade daquele culto e a oportunidade que eu teria de apresentar o evangelho de Cristo a uma plateia ilustre, num contexto natalino. Eu sempre dizia que iria a qualquer lugar para pregar o evangelho, fosse ao Vaticano, ao Kremlin ou à Casa Branca, desde que não houvesse censura ao que eu tinha para dizer. Nunca precisei submeter um manuscrito à Casa Branca ou obter a aprovação de ninguém. Nunca informei a nenhum presidente qual seria o teor da minha mensagem. Todos eles sabiam que o meu objetivo era pregar o evangelho. Sou, antes de tudo, um servo de Jesus Cristo. O meu principal compromisso de lealdade não é com os Estados Unidos, mas com o Reino de Deus.

Algumas pessoas criticaram esse envolvimento com o presidente Nixon. Uma crítica ridícula. Na década de 1950, esse tipo de pensamento era chamado de "macarthismo"[1] — culpado por associação. Essa foi a acusação dos fariseus contra Jesus, de que ele andava com "publicanos e 'pecadores' ".[2] Várias vezes declarei publicamente que não concordo com tudo

---

[1] Movimento político liderado pelo senador norte-americano Joseph Raymond McCarthy (1909-1957), na década de 1950, e caracterizado pela intolerância, especialmente contra os partidários do comunismo. [N. do R.]

[2] Mateus 9.10. [N. do R.]

o que qualquer dos governos fez. Com certeza, não concordei com tudo o que o presidente Johnson fez, e quando Johnson era presidente estive na Casa Branca tantas vezes quanto estive durante a presidência de Nixon. Preguei mais vezes diante de Johnson que diante de Nixon, e tive conversas mais longas e mais frequentes com Johnson que com Nixon. Já disse isso publicamente diversas vezes.

Numa dessas ocasiões, acho que Nixon ficou irritado comigo, mas a raiva passou logo. Depois disso, procurei deixar bem claro — mas tenho certeza de que esse ponto foi obscurecido e disfarçado — que eu me dirigia à Casa Branca para pregar o evangelho, e que as minhas visitas não tinham absolutamente nada que ver com a situação política da época. Era mais que óbvio que eu não concordava com tudo o que a administração Nixon fazia.

Não tenho como justificar o Watergate. A invasão foi um ato criminoso, e algumas circunstâncias e atos relacionados com o Watergate foram não apenas antiéticos, como também criminosos. Condeno e abomino tudo o que está relacionado àquele caso, pois ele causou uma grande ferida nos Estados Unidos.

Respondendo aos meus críticos

Alguns evangélicos questionaram por que não fui à Casa Branca e censurei o presidente publicamente, como fez o profeta Natã. Permitam-me lembrar a todos que não sou um "Natã". Davi era líder do "povo de Deus", o que configura uma situação totalmente diferente da que temos nos Estados Unidos hoje. Uma comparação melhor seria a Roma antiga e o relacionamento de Paulo com César. Além disso, quando um pastor tem em sua congregação um prefeito ou um governador que esteja com problemas, ele não expõe esse homem em público diante da congregação, mas tenta animá-lo, ajudá-lo e orientá-lo. Talvez, em particular, ele o aconselhe sobre as implicações morais e espirituais da situação, mas não creio que, de modo geral, um pastor se aproveite de uma situação dessa, aponte o dedo para o homem e diga: "Você tem de agir do modo assim e assado".

Se houvesse alguma coisa para dizer ao presidente, isso seria feito em particular. Quando se tem a confiança de um alto servidor público, e ele nos faz confidências, se quebrarmos essa confiança, nunca mais teremos outra oportunidade, nem com ele nem com ninguém mais. Acho que sacerdotes, assim como psiquiatras, advogados e médicos, não devem sair por aí contando conversas particulares. Devemos ter um padrão ético tão alto quanto o dos médicos — de fato, muito mais alto que o deles.

Algumas pessoas citaram o exemplo de Ambrósio de Milão, que repreendeu publicamente o imperador Teodósio quando este foi à igreja. Ambrósio recusou-se a permitir a entrada do imperador enquanto este não fez uma confissão pública de erros que havia cometido. Mas essa analogia também não se aplica, embora eu admire Ambrósio por sua coragem. Ambrósio era uma figura tanto política quanto religiosa. Eu não era bispo, como Ambrósio; e o presidente Nixon não estava sujeito à minha autoridade, como Teodósio estava à de Ambrósio. Eu não tinha autoridade eclesiástica sobre ele. Acho que um presidente chega à igreja na mesma condição que qualquer outra pessoa: ou como um pecador salvo pela graça de Deus, ou como um pecador que precisa da graça de Deus.

Houve quem criticasse o meu envolvimento com o presidente Nixon dizendo que a Casa Branca me usou para manipular pessoas que ficariam impressionadas de ver o presidente em oração ou ouvindo um sermão. Isso é tolice. O presidente Kennedy usou o cardeal Cushing? É claro que não. E, se o presidente Nixon queria me usar, então por que deixou de me convidar para a Casa Branca justamente no período em que mais precisaria de uma pessoa como eu?

No ano em que a crise do Watergate estava mais aguda, ofereci-me por duas vezes para conversar com o presidente. Um de seus assessores me disse que uma das razões pelas quais ele não me receberia era que ele não queria prejudicar-me. Não sei se isso é verdade ou não; mas me lembro de que, em 1960, quando ele estava concorrendo à presidência, correu um boato de que eu apoiaria sua candidatura. Ele me telefonou e pediu que eu não o fizesse, caso tivesse essa intenção. Ele disse: "Billy, seu ministério é mais importante que a minha eleição à presidência".

Pregadores e presidentes

Muitos presidentes foram amigos íntimos de clérigos. Eu diria que o meu relacionamento com o sr. Nixon não foi tão próximo quanto o de outros presidentes e religiosos ao longo da História, como, por exemplo, a amizade entre John Mott, conhecido como o arquiteto do movimento ecumênico, e o presidente Woodrow Wilson. Wilson se aconselhava com Mott não apenas sobre assuntos religiosos, mas também sobre questões políticas e diplomáticas. Não creio que as pessoas atribuam a Mott a responsabilidade pelas coisas boas ou ruins que aconteceram na administração Wilson.

Também não acredito que as pessoas responsabilizem o cardeal Cushing pelo que ocorreu durante o governo de Kennedy. E ele, certamente, esteve muito mais vezes com os Kennedy que eu com Nixon. O cardeal Cushing era o pastor da família Kennedy. Ele pode ter dado alguns conselhos políticos em particular. Conheço o cardeal Cushing muito bem, e sei que ele não se furtaria a dar uma palavra sobre política aqui e ali. Em todos esses anos, eu disse coisas a vários presidentes que poderiam ser interpretadas como conselhos políticos. Hoje em dia, não estou mais tão disposto a emitir juízos políticos.

Muitos políticos e a mídia em geral acharam que o presidente Nixon poderia ter resistido melhor àquela crise se admitisse que havia cometido um erro. Não revelarei aqui o que disse a ele em particular, mas descobri ao longo da vida que, quando se comete um erro, é muito melhor admiti-lo. Eu mesmo tive de reconhecer alguns erros de julgamento, e os cristãos foram mais que generosos em entender as minhas falhas. Acho que eles teriam pelo menos tentado entender a posição de qualquer presidente, também. É melhor demonstrar humildade, e é melhor dizer "Eu errei" ou "Peço perdão", quando cometemos um erro.

A Bíblia diz: "Não darás falso testemunho" (Êxodo 20.16). Esse mandamento nunca foi revogado, e mentir é errado, não importa quem faça isso.

Nixon, o homem

Devemos lembrar-nos de que Nixon, assim como qualquer outro presidente, era apenas um ser humano. Ele era limitado, e nenhum presidente que eu tenha conhecido se considerava à altura do cargo, principalmente depois do primeiro ano de governo. Acho que não havia nem uma equipe de jornalistas cobrindo a Casa Branca antes da administração McKinley, e mesmo naquela época tudo se resumia a um único repórter. Tudo isso tende a levar o presidente a certo isolamento para poder ficar sozinho, pensar um pouco, ler e passar um tempo com a família.

Entretanto, preciso falar um pouco sobre o Nixon que conheci antes de se tornar presidente. Para mim, ele sempre foi uma pessoa gentil e generosa, com grande senso de humor. Foi sempre atencioso. Estive com Nixon em alguns momentos em que ele estava preocupado, mas nunca tive a impressão de que ele fosse frio ou indiferente. É claro que outras pessoas o conheciam melhor que eu, e de uma maneira diferente.

Sempre admirei a vida íntima familiar de Nixon. Admirava o amor por sua mãe, sua mulher e suas filhas. Admirava sua tremenda paixão pelo pacifismo, algo que, na minha opinião, em parte se devia à sua origem quacre. Também admirava sua disciplina. Conheci poucos homens que tivessem uma vida tão disciplinada. Um dia ele me disse que havia parado de jogar golfe porque tinha muitos livros para ler e muitas conversas interessantes para travar. Ele me disse: "Talvez eu nunca seja eleito presidente, mas continuarei me preparando para isso".

Esse fato me faz recordar outro ponto interessante. Em 1967 e até o início de 1968, Nixon não queria realmente concorrer à eleição presidencial. Ele quase decidiu não concorrer. Temia por algo como o que de fato acabou acontecendo. Acho que sua candidatura foi um pouco por ambição, mas principalmente por puro patriotismo. Ele realmente achava que podia dar sua contribuição — não só para o bem-estar dos Estados Unidos, mas para o mundo, principalmente nas relações exteriores. Ele parecia sentir que os meados da década de 1970 seriam muito perigosos para os Estados Unidos e para o mundo.

O que provocou o caso Watergate?

Penso que o presidente Nixon e seus assessores tinham o que eu chamaria de "enorme obsessão" de mudar o país e o mundo. Um ano antes de concorrer à eleição, ele fez uma lista detalhada de tudo o que achava que precisava ser feito. Um dos itens era acabar com a guerra fria. Ele também queria equilibrar o orçamento. Outra meta era controlar a criminalidade, que crescia desenfreadamente naquela época. E outro item era encerrar a Guerra do Vietnã. Essa era sua principal preocupação, e ele achava que podia acabar com aquela guerra mais depressa do que realmente conseguiu.

Os assessores de Nixon achavam que sua reeleição era a coisa mais importante do mundo. Para eles, a paz mundial dependia disso. Acho que, em sua maioria, eles eram sinceros, mas começaram a racionalizar que o fim justificava os meios, mesmo que isso implicasse passar por cima da lei e da verdade. Eles tinham visto a lei ser quebrada por pessoas que defendiam outras causas. Tinham ouvido pessoas defender a desobediência civil. Achavam que estavam defendendo uma causa tão grande quanto a paz no Vietnã e os direitos civis. De fato, para eles, a paz no Vietnã só poderia ser obtida com a reeleição de Nixon. Muitos desses homens eram bem jovens. A equipe do presidente Nixon foi a mais jovem de toda a história da Casa Branca.

Além do mais, penso que o presidente estava tão ocupado com a melhora das relações com a União Soviética e a China, e dando tanta atenção a isso, que não se preocupou muito com sua campanha de reeleição. Acho que ele estava tão certo de que seria reeleito que deixou isso a cargo de outras pessoas. Talvez essa atitude tenha sido em parte responsável pelo que aconteceu.

A reação cristã diante do erro do governo

Se Deus é Deus, então o que ele diz precisa ser absoluto — o ser humano precisa ter limites morais. Ele não pode criar uma moral particular para atender à sua situação. A Bíblia diz que, com a mesma medida que julgarmos, seremos julgados.[3] Portanto, não podemos ser hipócritas e tratar

---

[3] Mateus 7.2. [N. do R.]

todo o mal que aconteceu com um sorriso farisaico. A Bíblia também ensina: "Não mintam uns aos outros" (Colossenses 3.9). Não podemos fazer vista grossa ao fato de que o Watergate se tornou um símbolo de corrupção política. Mas precisamos conscientizar-nos de que existe uma crise mais urgente que qualquer outra enfrentada nos Estados Unidos: uma crise de integridade, amor cristão e perdão.

Em países nos quais existe uma relação estreita entre Estado e Igreja, as pessoas não culpam necessariamente a Igreja ou os líderes eclesiásticos por todas as decisões políticas. Nunca entendi direito por que, de certa forma, responsabilizaram-me por fatos que ocorreram durante os governos de Johnson, Nixon, Clinton ou os dois presidentes Bush. Eu apenas era amigo deles. Devemos tomar cuidado com essa história de culpar os outros por associação.

Nunca fui considerado pastor do presidente Nixon. Ele tinha vários amigos no ministério cristão. Eu era mais um amigo da família que um pastor. Na verdade, conheci Nixon no início da década de 1950 por intermédio de seus pais. Eles tinham assistido às minhas reuniões no sul da Califórnia. Quando um amigo está caído, você não vai lá e o chuta — você tenta ajudá-lo a se levantar.

Precisamos lembrar-nos de que, sejam as autoridades boas ou más, certas ou erradas, o cristão tem um dever primordial: orar por elas! "Antes de tudo, recomendo que se façam súplicas, orações, intercessões e ação de graças por todos os homens; pelos reis e por todos os que exercem autoridade, para que tenhamos uma vida tranquila e pacífica, com toda a piedade e dignidade" (1Timóteo 2.1,2).

22

O QUE EU TERIA FEITO DIFERENTE

Um dos meus grandes arrependimentos é não ter estudado o suficiente. Gostaria de ter estudado mais e pregado menos. As pessoas me pressionavam a pregar, quando eu deveria estar estudando e me preparando. Donald Barnhouse disse que, se soubesse com certeza que o Senhor estaria chegando dentro de três dias, ele passaria dois dias estudando e um pregando.

Se eu pudesse começar de novo, procuraria organizar melhor o meu tempo. Assumi compromissos demais para pregar em muitos lugares diferentes do Globo. Eu não diminuiria o número de reuniões nos grandes estádios, mas teria participado de menos conferências e eventos ao redor do mundo, principalmente na Grã-Bretanha e nos Estados Unidos. Eu viajava para esses lugares e não tinha tempo para meditar, estudar e orar. E eu precisava de tempo para isso. Também não passei tempo suficiente com a minha família enquanto as crianças eram pequenas. Aquele tempo não volta mais.

Eu acrescentaria ainda que, ao longo de todos esses anos, conheci muitas e muitas pessoas. Mas fico triste por não ter mantido contato com todos esses amigos e conhecidos.

Fiz muitas coisas que provavelmente não precisava ter feito — casamentos e funerais e inaugurações de prédios, coisas desse tipo. Sempre que aconselho alguém que sente que foi chamado para ser um evangelista, digo-lhe para preservar seu tempo e não achar que precisa fazer tudo.

Eu também teria ficado longe da política. Sou grato a Deus pelas oportunidades que ele me deu de ministrar a pessoas que ocupavam cargos importantes. As autoridades também têm necessidades espirituais e pessoais como qualquer um de nós, e muitas vezes não têm ninguém com quem conversar. Mas, quando olho para trás, vejo que algumas vezes fui um pouco além do que deveria, e hoje eu não faria isso.

Se eu pudesse começar tudo de novo, teria passado mais tempo em meditação e oração, apenas dizendo ao Senhor quanto o amo e o adoro, e antevendo os momentos que passaremos juntos por toda a eternidade.

PARTE VI

O LEGADO DE BILLY GRAHAM

23

UMA VIDA DE DEVOÇÃO

John N. Akers

Sem dúvida, a vida e a obra de Billy Graham fornecerão material mais que suficiente para ocupar os historiadores do futuro por várias gerações. Uma das principais perguntas que eles tentarão responder é: Qual o segredo de seu sucesso? E não há dúvida de que as respostas variarão do sublime ao ridículo, dependendo da profundidade de suas pesquisas, de suas tendências pessoais e até mesmo dos modismos acadêmicos de seu tempo.

Contudo, um dos segredos de Graham provavelmente escapará à maioria deles: sua profunda dedicação a uma vida devocional firme e diligente. Sem isso, Graham jamais teria sido a pessoa que foi, nem teria tido o impacto mundial que teve. Sua vida devocional preservou sua humildade, reforçou sua integridade, expandiu sua visão e o capacitou a não perder o foco. Acima de tudo, como ele gostava de repetir, ela o manteve perto de Deus, a quem ele procurava servir.

Não havia nada de diferente ou original nos elementos da vida devocional de Billy: a Bíblia, a oração e a reflexão. Para ele, cada um desses elementos era essencial, e todos estavam ligados entre si. Como milhões de outros cristãos, ele havia aprendido bem cedo a importância de separar certo tempo todos os dias (de preferência cedo pela manhã) para estar sozinho com Deus, uma prática que procurava manter mesmo enfrentando pressões tremendas, contratempos e viagens frequentes.

Creio que a primeira pessoa com quem ele aprendeu, ou pelo menos percebeu, a importância do devocional com Deus foi sua mãe, Morrow Graham.

Ela era uma mulher letrada e ligada às questões espirituais. Depois de conhecer alguns vizinhos crentes que pertenciam aos Irmãos de Plymouth e a incentivaram a levar a Bíblia mais a sério, Morrow passou a separar períodos de tempo entre seus afazeres para orar e ler a Bíblia.

Depois de converter-se, Billy reconheceu por si mesmo a importância daquele período diário de quietude, uma prática reforçada durante os anos de seminário. Ele sempre dizia que o tempo que passou no Florida Bible College foi o período mais importante de sua vida, em termos de crescimento espiritual. Ali ele aprendeu o que significava estudar a Bíblia de forma sistemática e cuidadosa, e essa experiência moldou sua vida profundamente.

Em seu ministério evangelístico, ele sempre incentivou os jovens convertidos a separarem um tempo diário para estarem com Deus (e também a se tornarem membros atuantes numa igreja em que pudessem crescer espiritualmente). Todos os que iam à frente durante suas cruzadas recebiam um estudo bíblico simples e outros materiais para facilitar esses primeiros passos.

O relacionamento de Graham com seus mestres e colegas no seminário da Flórida e no Wheaton College foi outro fator que ajudou a formar sua mente e sua alma — um padrão que se manteve durante toda a sua vida. Uma de suas qualidades pessoais mais marcantes era a disposição (até mesmo a avidez) para interagir com homens e mulheres cujo conhecimento acadêmico ou experiência pudessem ajudá-lo a expandir seus horizontes — desde sua esposa, Ruth, e seu sogro, o dr. L. Nelson Bell, até teólogos e religiosos tão diversos como Harold Ockenga, Carl F. H. Henry, Karl Barth e o arcebispo de Canterbury. Poucas coisas lhe davam tanto prazer quanto entrar numa igreja durante o culto sem ser notado — algo dificílimo, já que ele era uma figura tão conhecida — para ouvir outra pessoa pregar. Ele sempre filtrava as palavras que ouvia pelo entendimento que tinha da Bíblia e da vontade de Deus para seu ministério de evangelista, mas sua disposição para aprender com outras pessoas (até mesmo com quem o criticava) muitas vezes passou despercebida.

Até o fim da vida, Billy manteve o hábito de separar um período diário para estudar a Bíblia e orar. Seria um erro, porém, concluir que ele só fazia isso uma vez ao dia. A oração era uma prática constante em sua vida (ele permanecia em oração até mesmo quando estava pregando ou conversando com alguém). Sempre que tinha um minuto livre, abria sua Bíblia ou parava para refletir sobre o que sentia que Deus lhe estava ensinando. Muitas vezes, quando recebia visitas, perguntava se eles poderiam orar juntos antes de se despedirem, mesmo quando sua saúde já estava debilitada. À medida que perdia a visão, tornou-se cada vez mais difícil ler qualquer coisa mais longa que uma breve passagem da Bíblia, e assim mesmo só com uma letra muito grande, gerada por computador.

Por que ele tinha essa vida devocional tão disciplinada? Não era simplesmente por hábito, nem apenas porque é o que se espera de qualquer crente sincero (embora esses motivos também existissem). Ele também não agia assim apenas porque desejava ter intimidade com Deus — embora isso fosse importante para ele. Além dessas, havia mais duas razões para seus hábitos devocionais.

Em primeiro lugar, Billy Graham levava a sério a pergunta do apóstolo Paulo: "Mas quem está capacitado para tanto?" (2Coríntios 2.16). Ao perceber as enormes responsabilidades (e oportunidades) que Deus havia posto diante dele, Billy sabia que, por si mesmo, não estava capacitado para a tarefa; ele precisava da ajuda de Deus. Sim, Deus o havia chamado e lhe dera o dom de evangelista, mas não era o suficiente. As palavras de Jesus ecoavam em sua alma e o faziam ajoelhar-se e orar: "Eu sou a videira; vocês são os ramos. Se alguém permanecer em mim e eu nele, esse dará muito fruto; pois sem mim vocês não podem fazer coisa alguma" (João 15.5). Mesmo uma leitura superficial de sua autobiografia mostra claramente seu senso de dependência de Deus.

A segunda razão para seus hábitos devocionais também era admirável: Billy Graham tinha uma preocupação profunda — poderíamos até mesmo chamar de um medo — de fazer algo (ainda que inadvertidamente) que pudesse trazer escândalo para o nome de Cristo. Quando jovem, ele tinha visto isso acontecer com evangelistas e outros líderes cristãos que permitiram que o pecado — orgulho, conduta sexual imprópria, contendas, desamor, hipocrisia, incredulidade, mentira — entrasse em sua vida.

Ele estava determinado a não deixar que isso acontecesse com ele. Em particular, ele sempre recitava a advertência de Deus a Isaías: "Não darei a outro a minha glória" (Isaías 42.8).

Um dos meios de evitar qualquer escândalo foi a lista de exigências que ele e seus primeiros colaboradores se comprometeram a cumprir, antes mesmo que seu ministério se tornasse conhecido em larga escala: pureza na conduta pessoal, integridade nas finanças, honestidade nos relatórios estatísticos e cooperação com as igrejas locais. Mas o outro meio, ele sabia muito bem, era permanecer imerso nas Escrituras e não dar nenhum passo sem antes orar muito e confiar humilde e inteiramente em Deus.

Por décadas a fio, talvez séculos, ainda se discutirá a herança de Billy Graham. Mas um de seus legados eternos deve ser justamente aquele que o público desconhecia: uma vida de humilde devoção a seu Salvador e Senhor, Jesus Cristo.

24

O HERÓI DOS EVANGÉLICOS

Philip Yancey

A igreja fundamentalista da minha juventude via o evangelista emergente Billy Graham com profunda desconfiança. Ele convidava membros do Conselho Nacional de Igrejas — e até católicos romanos! — para se sentarem nos palanques de suas cruzadas. Aquele pastor parecia brando com o comunismo, principalmente em seus comentários sobre a igreja atrás da Cortina de Ferro. E, talvez o mais importante, naquela época de racismo excepcional, ele insistia em realizar cruzadas mistas, até mesmo em redutos brancos, como o Alabama.

Essa desconfiança, que agora nos parece de um extremismo fantástico, dá uma ideia do que as igrejas teologicamente conservadoras poderiam ter se tornado, não fosse a influência de Graham: igrejas sectárias e segregacionistas; uma minoria sempre na defensiva e em oposição à sociedade, em vez de envolvida com ela. Podemos medir a grandeza desse homem analisando a marca que ele deixou num movimento que brotou de raízes fundamentalistas. Billy Graham não inventou o termo "evangélico", mas conseguiu recuperar seu significado original — *boas-novas* — tanto para o mundo que o olhava com ceticismo quanto para a minoria acuada que buscava nele inspiração e liderança.

É claro que ele cometeu alguns erros: enfureceu o presidente Truman ao usar fotos tiradas na Casa Branca de maneira aparentemente oportunista; fez comentários improvisados sobre problemas sociais; foi iludido pelo presidente Nixon. Contudo, em todas essas ocasiões, ele admitiu o erro e aprendeu uma lição. Mostrou que um cristão evangélico podia ser ao mesmo tempo respeitável e relevante, sempre pregando a mensagem do evangelho do amor de Deus para com os pecadores. Em suas viagens internacionais, foi criticado e menosprezado por líderes religiosos sofisticados, em países como a Grã-Bretanha e a Alemanha, mas, ao encontrar-se com eles, deixava-os desarmados com sua humildade e graça.

Em alguns aspectos, a vida de Graham foi a quintessência das histórias de sucesso na América. Criado no ambiente modesto de uma fazenda, vendeu escovas de porta em porta e, por fim, tornou-se uma personalidade de renome mundial. Mas basta compará-lo com as celebridades que frequentam as colunas de fofocas para ver a tremenda diferença. Ele nunca ficou rico, nunca passou a noite em festas, nunca usou drogas ou comprou mansões no Caribe. Embora tenha participado de jantares com reis, rainhas, primeiros-ministros e presidentes, preferia a vida simples do lar, na Carolina do Norte, numa casa rústica, construída com materiais de demolição de cabanas centenárias.

Para os milhões que o seguiam, Graham era, ao mesmo tempo, uma personalidade extraordinária e um representante do homem comum. Teve uma esposa fiel que suportou suas constantes viagens, dois filhos que passaram por um período de rebeldia antes de descobrirem o que queriam da vida e duas filhas que enfrentaram o trauma do fracasso matrimonial. Teve problemas de saúde, indecisões ocasionais e dores de cabeça na área administrativa. Entretanto, quando subia ao púlpito, fosse para falar apenas a um pequeno grupo na Casa Branca ou no Kremlin, ou para pregar diante de multidões de dezenas de milhares reunidos ao ar livre na Coreia ou no Central Park, alguma coisa de sobrenatural acontecia. Todas as outras preocupações da vida desapareciam, e ele focava como um raio *laser* a única coisa de que tinha absoluta certeza: o evangelho de Jesus Cristo e seu poder para transformar vidas.

Tive o privilégio de entrevistar Billy Graham duas vezes em sua casa, e, assim como a maioria dos jornalistas, saí impressionado com sua aparente insegurança intrínseca. Ele não parava de fazer perguntas: Por que as cruzadas não causaram impacto maior nas cidades? Será que ele errara ao se intrometer na política? A era das cruzadas evangelísticas tinha acabado?

Entretanto, a estatura mundial de Graham não parou de crescer. Ele foi citado mais de 50 vezes na lista das "dez pessoas mais admiradas", segundo o Instituto Gallup. Um editor-chefe da *Time* escreveu um livro exaltando-o como uma das "grandes almas" do século XX e, em 2007, a revista dedicou a matéria de capa ao relacionamento de Graham com 11 sucessivos presidentes americanos. Ao longo desse tempo, a nação havia balançado durante a tumultuada década de 1960, sobrevivido a uma aterradora corrida armamentista nuclear e entrado numa era de terrorismo internacional e riscos planetários. No entanto, de algum modo, a cada nova transformação, Graham e sua antiquada mensagem pareciam tornar-se cada vez mais relevantes.

Graham foi criticado por não ser suficientemente profético; Jesse Jackson chegou a dizer, em tom de piada, que ele teria jogado golfe com os faraós em vez de liderar a libertação dos cativos. Com prudência, porém, ele abordou todos os grandes temas de sua época: racismo, pobreza, terror nuclear, comunismo. Do início ao fim de sua carreira, acreditou realmente que o segredo da paz no mundo, ou em qualquer alma humana, estava na questão fundamental da paz com Deus.

Os evangélicos não são mais uma minoria acuada. Temos programas sólidos em educação, publicações, ministério de jovens, crescimento de igrejas e missões internacionais (todos influenciados por Graham). Temos um acesso sem precedentes ao poder e oportunidades nunca vistas de influenciar uma cultura constantemente ameaçada. Este é o legado de Billy Graham. Ele proporcionou um estágio de amadurecimento para todos aqueles que estão comprometidos em plantar o Reino de Deus num campo cheio de joio. Agora que ele se foi, um enorme ponto de interrogação está diante de nós: Seremos capazes de tomar seu manto e seguir em frente, no mesmo espírito?

25

A HUMILDADE DA GRANDEZA

John R. W. Stott

John R. W. Stott, que morreu em 2011, conheceu Billy Graham na década de 1940, quando ambos participavam de uma reunião ao ar livre no Canto do Orador, no Hyde Park, em Londres. A preocupação dos dois com o evangelismo levou a uma cooperação durante a Cruzada de Harringay, que Graham realizou em 1954, cativando Londres todas as noites por quase três meses. Durante os cinquenta anos que se seguiram, os caminhos desses dois homens se cruzariam muitas vezes, quer compartilhando a direção de eventos importantes, como o Congresso Internacional de Evangelização Mundial, em Lausanne, quer na amizade pessoal que cultivaram. Antes de morrer, Stott escreveu estas recordações.

Integridade. Se eu tivesse de escolher uma palavra para caracterizar Billy Graham, seria "integridade". Ele era uma coisa só. Não havia dicotomia entre o que dizia e quem era. Ele praticava o que pregava. Eis alguns exemplos:

Finanças. Quando veio a Londres pela primeira vez, Billy Graham se reuniu com um grupo considerável de líderes eclesiásticos que estavam ponderando se deveriam convidá-lo para pregar ou não. Eles não tinham uma postura favorável, mas Billy se antecipou a suas perguntas. Ele disse que recebia um salário fixo menor que a maioria dos salários pagos a pastores seniores de igrejas grandes. Disse também que não recebia "ofertas de amor" (extras não contabilizados). Quanto às finanças das cruzadas, elas eram publicadas na imprensa a cada novo evento.

Sexo. Billy Graham era exemplar em sua vida privada — obviamente apaixonado por Ruth. Ele declarou publicamente algumas vezes que só havia dormido com uma mulher em toda a sua vida, e esta era sua esposa, Ruth. Ele não tinha nenhum segredo de que pudesse envergonhar-se.

Harringay. Depois de ter seu encerramento prorrogado, a Cruzada de Harringay se estendeu até completar 12 semanas, e foi um fenômeno extraordinário. A nossa igreja (All Souls, em Langham Place) estava totalmente envolvida, e participei de quase todas as reuniões. Noite após noite, 12 mil pessoas se reuniam e ouviam atentamente a mensagem. E, noite após noite, eu me perguntava o que atraía aquelas multidões, se as nossas igrejas estavam meio cheias — e, portanto, meio vazias. E a resposta que encontrei foi que Billy Graham era o primeiro pregador transparentemente sincero que aquelas pessoas já tinham visto. Havia algo de autêntico naquele homem. Como muitas pessoas na mídia admitiram: "Não concordamos com ele, mas sabemos que ele é sincero".

Coragem. Poucos líderes cristãos (se é que houve algum) tiveram a oportunidade que Billy teve de conseguir audiências com sucessivos presidentes dos EUA, com a rainha Elizabeth II da Inglaterra e com muitos outros chefes de Estado. Pessoas menos íntegras que Graham poderiam ter usado essas oportunidades para inflar o próprio ego, mas Billy as encarou como oportunidades para proclamar o evangelho. Ele não se intimidava diante de seres humanos, por mais importantes que fossem na opinião de outras pessoas.

Estudo. Billy Graham tinha consciência de que não recebera uma educação teológica formal. Mas possuía uma vasta biblioteca pessoal e lia muito. Em novembro de 1979, falando a um grupo de 600 clérigos em Londres, Graham disse que, se pudesse começar tudo de novo em seu ministério, mudaria duas coisas; todos olharam espantados. O que poderia ser? Primeiramente, disse ele, estudaria três vezes mais do que havia estudado. E assumiria menos compromissos. "Preguei demais", continuou, "e estudei de menos". A segunda mudança que ele faria seria dedicar mais tempo à oração. Ao fazer essas duas afirmações, ele deveria ter em mente as duas prioridades apostólicas de Atos 6.4.

Natal de 1956. Em novembro de 1955, tive o privilégio de servir como "missionário-chefe assistente" de Billy Graham durante sua missão na Universidade de Cambridge. Durante aqueles dez dias, a nossa amizade se fortaleceu, e fiquei emocionado ao ser convidado para passar o Natal com sua família em Montreat. Guardo duas recordações muito especiais daqueles dias. A primeira refere-se às orações diárias da família. Vi o evangelista mundialmente famoso lendo a Bíblia e orando com Ruth e os filhos. Outro momento que ficou bem vivo na minha memória foi quando todos levamos presentes de Natal para um pequeno povoado de famílias de "caipiras", nas montanhas próximas. Mais uma vez, Graham, o grande evangelista de massas, foi visto pregando o evangelho a pequenos grupos.

Mensagem. Resumir ao máximo para destacar apenas duas características. A primeira era seu constante retorno às boas-novas do Cristo crucificado. Billy Graham era muito criticado, mas, embora ouvisse as críticas, não deixava que elas o afastassem de seu evangelho essencial. Em segundo lugar, ele lia diversos jornais e tinha assessores que preparavam resumos para ele. Desse modo, sempre fazia comentários relevantes sobre as últimas notícias.

Consciência social. Billy Graham acatou os artigos do Pacto de Lausanne que estabeleciam que fomos chamados tanto para a ação social quanto para o evangelismo. Embora soubesse que sua vocação pessoal era servir como evangelista, teve a coragem de se recusar a participar de uma cruzada na África do Sul em que as regras do *apartheid* deveriam ser respeitadas. Ele tinha uma consciência social sensível e apoiou várias causas de natureza social.

Influência. Billy Graham teve um papel muito importante no incentivo de jovens evangelistas (principalmente na Conferência de Amsterdã). Colocou o evangelismo no mapa eclesiástico, tornando-o respeitável de uma forma totalmente nova. Mas sua influência talvez seja mais bem percebida na existência de uma nova unidade evangélica mundial, que se manifesta em iniciativas como a criação da revista *Christianity Today* e na realização dos congressos mundiais (Lausanne 1974, Manila 1989, Cidade do Cabo 2010), além de eventos nacionais e regionais.

Equipe. Uma característica notável da Associação Evangelística Billy Graham é que ela nunca foi uma obra de um homem só. É claro que Billy sempre foi o principal pregador, embora Grady Wilson tenha trabalhado muito até sua morte. Mas o trio Billy, Cliff Barrows e Bev Shea, desde os tempos de seminário, era extraordinário. Não havia nenhum traço de inveja que atrapalhasse sua cooperação. Eles evidentemente gostavam uns dos outros e se apoiavam mutuamente.

26

O DEFENSOR MUNDIAL DO EVANGELHO PURO

J. I. Packer

Em março de 1952, quando eu ainda era leigo, tive a felicidade de ser convidado para uma reunião de 750 líderes, quase líderes e ainda não líderes evangélicos, no centro de conferências de *Church House*, na área central de Londres, onde Billy Graham, um evangelista americano de 35 anos de idade, falaria a respeito de seu ministério de cruzadas nos EUA e responderia a perguntas. Seu discurso — baseado na oração de Habacuque, de que Deus avivaria sua obra — desenvolveu o tema de que Deus havia feito exatamente isso nas missões em larga escala que ele havia liderado, com resultados extraordinariamente frutíferos.

Graham mostrou-se tranquilo, humilde, centrado em Deus, com uma voz potente, clara e vibrante, muitas vezes divertido e sem nenhum traço de arrogância, dogmatismo e autopromoção implícita que, com ou sem razão, nós, ingleses, sempre esperamos ver nos líderes evangélicos americanos. Ele era envolvente e tinha aquele dom peculiar que todo evangelista possui: fazer que cada um na plateia se sinta como se fosse o alvo exclusivo de suas palavras. A palestra durou noventa minutos, e ele passou mais uma hora respondendo a perguntas. Embora naquela fase da minha vida eu tivesse certo preconceito contra todas as formas de evangelismo de massas institucionalizado, saí dali admirando o palestrante e muito feliz de ter sido pressionado a ir àquela reunião. Hoje vejo que aquela palestra foi um marco.

Aquele evento era a preliminar de uma discussão mais ampla para decidir se deveríamos convidar Billy Graham para liderar uma cruzada em Londres. Dois dias após a reunião em que ele havia deixado todos admirados, o convite foi feito — o primeiro passo da jornada rumo a Harringay, de longe o mais importante evento religioso do século XX, na Inglaterra. Centenas ou talvez milhares de conversões genuínas geraram dezenas de vocações para o ministério pastoral evangélico, provocando um significativo progresso espiritual na geração seguinte, apesar das monumentais invasões do secularismo na vida pública e comunitária da Grã-Bretanha. Não há sombra de dúvida de que Billy Graham, sob a direção de Deus, deixou sua marca na Inglaterra para sempre.

Alguém já disse que, na vida espiritual, se você está sendo atacado pelos dois lados, provavelmente está na posição certa. Graham chegou à Inglaterra na década de 1950. Durante o período em que realizou suas missões mais importantes em território britânico (Harringay e discursos evangelísticos nas universidades estratégicas), estava sob fogo cerrado nos Estados Unidos por não ser um fundamentalista combativo e não cooperador. Na Inglaterra, porém, ele enfrentou a oposição dos líderes da Igreja anglicana e da igreja livre (na verdade, principalmente da Igreja anglicana), que o atacavam por ser exatamente o que os americanos diziam que ele não era e, portanto, uma influência indesejada no panorama britânico.

Aquela era uma época em que a chamada ortodoxia "liberal" ou "crítica" — uma contradição de termos em si — mandava nos centros de ensino teológico da Inglaterra, e os líderes viam o evangelicalismo como uma distorção grosseira, fria, individualista, inculta e até mesmo antiacadêmica da fé histórica, sempre depreciando o Reino de Deus e a igreja. A história da posição defensiva do movimento evangélico contra as avalanches liberais dos dois lados do Atlântico durante os primeiros anos do século XX explica muito bem de onde saiu essa caricatura. Quanto à "ortodoxia liberal/crítica", está claro agora que, longe de ser um padrão de fé vigilante, como ela mesma se considerava, essa escola representou um abalo nos alicerces da fidelidade cristã à autoridade objetiva da doutrina bíblica. Desse modo, foi o primeiro passo na rampa escorregadia que leva ao relativismo naturalista e à especulação subjetiva. Uma vez posto o primeiro pé naquela rampa, o escorregão é certo, regulado apenas pela vontade de manter-se na zona de conforto.

John Stott, eu mesmo e outros religiosos procuramos deixar isso claro, defendendo a posição de Graham em favor da inspiração e autoridade absolutas da Bíblia. Hoje, há um reconhecimento amplo, senão universal, de que sua crença reverente na revelação bíblica foi, é e sempre será a verdadeira forma cristã de identificar a verdade de Deus. E o liberalismo, embora teimosamente entrincheirado em muitos lugares, está definhando e, de fato, praticamente já não é mais visto como fundamento teórico cristão. Enquanto isso, no último meio século, o Cristo das Escrituras, como os evangélicos o veem, saiu como vencedor determinado a vencer, com impacto global na África, Ásia, América do Sul, Estados Unidos e (embora de forma menos espetacular) na Grã-Bretanha e no Canadá.

Quanto ao histórico divisionismo fundamentalista, os críticos viram que não tinham nada a temer de seu visitante americano. Evitando completamente os assuntos denominacionais, Graham sempre praticou o evangelismo de forma cooperativa, aceitando todos — inclusive católicos romanos — que quisessem juntar-se a ele para proclamar a salvação pessoal, segundo a Bíblia.

O sucesso de Graham na Grã-Bretanha foi significativo. Representou o primeiro passo para um ministério verdadeiramente global que Graham manteve por mais de uma geração, trazendo um cristianismo genuinamente bíblico e cristocêntrico — isto é, um cristianismo em que a cruz, a ressurreição, o reino presente e o futuro retorno de Cristo, a salvação por intermédio de Jesus, a obediência a ele e a esperança nele depositada são os pontos centrais. A extraordinária empatia de Graham, que o fazia identificar-se com as necessidades de todas as comunidades que visitava, somava-se ao senso de autoridade cristã em sua proclamação essencialmente imutável, tendo um efeito unificador tanto do ponto de vista teológico quanto comportamental. A aceitação do "evangelho que Billy Graham prega" tornou-se um vínculo de comunhão entre cristãos de diferentes ramos e origens, em todo o mundo. Graham era como uma ponte, unindo cristãos de todos os tipos e condições num esforço comum para evangelizar e discipular — algo que espero que continue, agora que ele se foi.

    Impacto semelhante tiveram suas iniciativas de reunir evangelistas do mundo inteiro para encorajamento mútuo, oração e foco na obra missionária em andamento (evangelismo, implantação de igrejas, crescimento cristão e socorro aos necessitados), num mundo em constante mudança e em face da nova concepção sociopolítica de missões adotada pelo Conselho Mundial de Igrejas. As reuniões globais em Berlim, Lausanne, Manila e Amsterdã foram marcos importantes, tanto pelo fato de reunirem um número nunca visto de evangélicos, provenientes de todas as partes do mundo, quanto pela elaboração de diretrizes para as estratégias evangelísticas (palestras, livros, pesquisas e, principalmente, o Pacto de Lausanne), delineando o caminho a ser seguido com clareza e consenso sem precedentes. Mais uma vez, a visão e a diligência de Graham impulsionaram o evangelicalismo global, tornando-o menos paroquial e mais ecumênico.

27

GRAHAM, O CONSTRUTOR DE PONTES

Richard John Neuhaus

Richard John Neuhaus, padre católico, escritor, editor do influente periódico First Things *[Primeiras Coisas] e um dos arquitetos do documento ecumênico "Evangélicos e Católicos Juntos", preparou este tributo a Graham antes de sua morte, ocorrida em 2009.*

A coragem necessária para que Billy Graham permitisse a entrada de negros em suas cruzadas sulistas, e a coragem de cooperar com católicos romanos — duas medidas extremamente criticadas por muitas das pessoas que o apoiavam —, não foi o tipo de coragem normalmente enaltecida como liberal ou progressista. É verdade que desafiar a segregação racial e o preconceito anticatólico foram atitudes consideradas progressistas, mas tenho certeza de que isso não foi um peso para Billy Graham. Sua paixão singular era pregar o evangelho salvador de Jesus Cristo a todas as pessoas.

Muitos líderes católicos receberam seu ministério de braços abertos; outros foram mais ambivalentes. Aqui em Nova York, o falecido cardeal John O'Connor abraçou-o e deu ordens aos padres de sua arquidiocese para que incentivassem os paroquianos a ouvi-lo. Não há dúvida de que inúmeros católicos foram renovados e fortalecidos na fé por causa do ministério de Billy Graham.

Ele se encontrou com papas, de João XXIII a João Paulo II, e sua amizade com este parecia ser especialmente afetuosa e profunda. Graham contava que, num encontro particular de duas horas, em 1989, "houve uma pausa na conversa; de repente, o papa esticou o braço e agarrou a lapela do meu paletó. Ele me puxou até que o meu rosto ficou a uns centímetros do rosto dele, olhou-me bem dentro dos olhos e disse: 'Escute uma coisa, Graham: nós somos irmãos' ".

Já em 1966, apenas um ano depois do Concílio Vaticano II, Graham declarou: "Sinto-me mais próximo dos católicos que dos protestantes radicais. Acho que a Igreja católica romana de hoje está passando por uma segunda Reforma". No programa *Phil Donahue*, em 1979, declarou: "Acho que os americanos estão buscando um líder, um líder moral e espiritual que creia em alguma coisa. E o papa crê [...]. Graças a Deus, encontrei alguém cujas palavras posso citar e que tem autoridade de verdade". Sobre a visita de João Paulo II aos Estados Unidos, Graham declarou: "Desde sua eleição, o papa João Paulo II destacou-se como o maior líder religioso do mundo moderno, e um dos maiores líderes morais e espirituais deste século [...]. O papa veio [aos Estados Unidos] como chefe de Estado e pastor, mas creio que ele também se vê como um evangelista [...]. O papa procurou atender à fome espiritual do nosso tempo da mesma forma que os cristãos têm buscado atender aos anseios espirituais através dos séculos — apresentando Cristo às pessoas". Posteriormente, Graham comentou sobre o discurso do papa em Vancouver, onde ele mesmo pregou no mês seguinte: "Vou dizer uma coisa: aquela mensagem foi tão genuinamente evangélica quanto qualquer outra mensagem evangélica que eu já tenha ouvido. Foi tremenda. É claro que sou um grande admirador desse homem. Ele dá orientação moral a um mundo que parece ter perdido o rumo".

Para muitos evangélicos, Graham passou dos limites com suas declarações a respeito de João Paulo II, além de Madre Teresa e da Igreja católica em geral, e alguns chegaram a dizer que ele estava cometendo uma flagrante heresia. Mas tenho certeza de que o que ele disse e sentiu foi motivado por sua paixão por compartilhar o evangelho salvador de Cristo.

Na grande encíclica de 2000, *Redemptoris Missio* [Missão do Redentor], João Paulo vislumbrou o terceiro milênio como "uma primavera da evangelização mundial". A vida de Billy Graham foi inteiramente dedicada a ter uma participação, ainda que pequena, na chegada dessa primavera. Todos os que creem que esse tempo virá sabem que sua participação não foi pequena.

Num movimento cristão mundial envolvendo mais de 2 bilhões de pessoas, mais da metade composta de católicos romanos, Graham compreendeu que essa primavera exigiria "Evangélicos e Católicos Juntos (ECJ)". Ele não quis assinar o primeiro documento com esse título, produzido em 1994. O motivo de sua recusa, segundo me explicaram, foi primeiramente o fato de que ele tinha por norma nunca assinar manifestos. O segundo motivo foi que o ECJ estava recebendo muitas críticas de certos segmentos evangélicos, e ele temia que sua assinatura pudesse provocar divisão. Entre as muitas declarações produzidas pelo ECT ao longo dos anos, a mais importante está contida no primeiro documento: "Evangélicos e católicos são irmãos e irmãs em Cristo". Tudo mais decorre disso, e não tenho dúvidas de que Billy Graham concordava com essa afirmação.

Muitas coisas poderiam ser ditas a respeito do impacto de Graham sobre o catolicismo americano. Numa perspectiva histórica mais ampla, talvez o fato mais interessante tenha sido sua participação na mudança de posição do catolicismo na sociedade americana. Os Estados Unidos sempre foram um país majoritariamente protestante, e ainda são, não só em números, mas numa tradição espiritual que vem desde Jonathan Edwards, no século XVIII, e envolveu vários despertamentos e cruzadas realizados por evangelistas, dos quais o maior foi Billy Graham.

Durante três séculos, os líderes católicos presumiram, de modo geral, que os católicos garantiriam seu lugar na sociedade americana por meio da cooperação com o ramo liberal do protestantismo tradicional, que hoje se encontra numa triste situação de desordem teológica, moral e institucional. Por sua própria natureza, o catolicismo precisa tentar estabelecer um diálogo construtivo com todos, mas parece cada vez mais evidente que o futuro aponta para evangélicos e católicos juntos. Os estudiosos que tentarem explicar como isso aconteceu deverão atentar especialmente para a pessoa e o ministério de Billy Graham. Como nós, católicos, dizemos, *Requiescat in pace* [Repouse em paz], e que um coro de anjos o receba na outra margem do Jordão.

28

EVITANDO AS ARMADILHAS DA FAMA

William Martin

Durante sua carreira, Billy Graham declarou inúmeras vezes, geralmente em entrevistas coletivas antes de uma grande cruzada, que sentia estar prestes a um grande avivamento que varreria a terra. Em 1948, ele mostrou que estava certo. Durante a década de 1940, o número de membros nas igrejas americanas aumentou quase 40%, e a maior parte desse crescimento aconteceu depois do fim da guerra, quando o país tentou reconstruir sua normalidade sobre o alicerce mais confiável que conhecia. Igrejas foram construídas em número recorde, seminários estavam lotados, universidades seculares criaram cursos de estudos religiosos, a venda de livros religiosos superou todas as outras categorias de não ficção, e a venda de Bíblias dobrou entre 1947 e 1952 — a *Versão Padrão Revisada* da Bíblia vendeu 2 milhões de exemplares só em 1950. Enquanto Graham e seus colaboradores na Mocidade para Cristo e no Movimento de Avivamento da Juventude da Igreja Batista do Sul lotavam estádios e auditórios de centros cívicos, William Branham, Jack Coe, A. A. Allen e Oral Roberts enchiam imensas tendas com crentes pentecostais desesperados por verem males curados, demônios expulsos e mortos ressuscitados.

Evitando as armadilhas do sexo, do dinheiro e do poder

Para os evangelistas, era como ser um corretor da Bolsa de valores num mercado frenético. Contudo, assim como em outros campos, o súbito crescimento atraiu algumas pessoas cujos motivos e métodos não eram puros, e que caíram vítimas das tentações descritas na Bíblia como "a cobiça da carne, a cobiça dos olhos e a ostentação dos bens" (1João 2.16), mais conhecidos como sexo, dinheiro e poder. Apesar de boas intenções e bom comportamento, Graham e seus associados algumas vezes se viram alvo de suspeitas e calúnias, tanto da parte de ministros do evangelho quanto de leigos. Aprenderam que Elmer Gantry, personagem que Sinclair Lewis criou juntando o lixo escondido debaixo do tapete de evangelistas da vida real, era um estereótipo cultural profundamente entranhado.

Observando a história acidentada e os problemas do evangelismo itinerante (o próprio termo tinha uma conotação que remetia à ideia de um vendedor ambulante inescrupuloso), e conversando com veteranos organizadores de campanhas evangelísticas, eles perceberam que muito daquele ceticismo da sociedade tinha fundamento. Para se defender dos percalços, Graham reuniu-se com os membros de sua equipe de evangelismo — George Beverly Shea, Grady Wilson e Cliff Barrows — em seu quarto, durante uma campanha em Modesto, na Califórnia, em novembro de 1948, e disse: "Deus nos trouxe até este ponto. Talvez nos esteja preparando para algo que ainda não sabemos. Vamos tentar lembrar-nos de todas as coisas que foram pedra de tropeço para evangelistas no passado, e nos reuniremos aqui novamente, daqui uma hora, para comentar sobre o assunto, orar e pedir a Deus que nos guarde dessas tentações".

A tarefa era fácil. Todos tinham visto muitos evangelistas surgindo e caindo, ou deixando a cidade numa nuvem de desilusão, e podiam apontar os problemas principais sem nenhuma dificuldade. Naquela tarde, quando voltaram a se reunir no quarto de Graham, todos tinham feito praticamente a mesma lista, que acabou ficando conhecida na tradição oral como "O Manifesto de Modesto".

O primeiro problema apontado foi o dinheiro. Alguns evangelistas vestiam seu terno mais surrado durante os avivamentos, ou contavam histórias comoventes sobre filhos doentes, ou se queixavam de que sua casa estava em péssimas condições, ou reclamavam do preço dos transportes, e até o mais íntegro dos homens acharia difícil não florear um pouquinho na hora que a oferta de amor era recolhida, geralmente na última noite de uma campanha de avivamento. Quando viajava pela Mocidade para Cristo, Graham entregava as ofertas para as sedes locais ou para a sede nacional, e recebia um salário fixo. Mas não existia nenhuma entidade mantenedora para custear suas campanhas de avivamento independentes, de modo que o grupo não via nenhuma alternativa viável para o sistema de ofertas de amor, por mais que isso os deixasse incomodados. Mas eles fizeram um pacto de não enfatizarem a oferta e de procurarem afastar o máximo possível qualquer suspeita quanto a como lidavam com o dinheiro, pedindo aos membros do comitê organizador que se encarregassem do pagamento de todas as despesas e do custeio dos membros da equipe de ministradores. Certa vez, Bev Shea enviou um cheque de 30 dólares ao comitê patrocinador, para cobrir alguma eventual taxa extra que o hotel pudesse cobrar pela lavagem das roupas de seu filho menor.

Dois anos depois de Modesto, um incidente provocou outras mudanças na parte financeira. Embora tenha sido um grande sucesso, a cruzada de Billy Graham em Atlanta, em 1950, criou grande constrangimento para o evangelista. Sem que Graham tivesse pedido, o comitê da cruzada levantou uma substancial "oferta de amor" para ele e sua equipe, no encerramento do culto. No dia seguinte, o jornal *Atlanta Constitution* publicou fotos da coleta, que depois apareceram em jornais de todo o país, dando a entender que Billy Graham, assim como os evangelistas itinerantes que o precederam, estava demonstrando que era possível servir a Deus e a Mamom.

Profundamente entristecido com o episódio, Graham decidiu eliminar qualquer coisa que pudesse lembrar a imagem de Elmer Gantry. Procurou Jesse Bader, secretário de evangelismo do Conselho

Mundial de Igrejas, para pedir orientação. Bader aconselhou-o a fazer que a Associação Evangelística Billy Graham lhe pagasse um salário fixo mensal, independentemente do número de cruzadas que ele realizasse por ano. Graham concordou e fixou seu próprio salário em 15 mil dólares, comparável aos salários pagos a proeminentes pastores urbanos da época, mas muito menos do que ele obteria com ofertas de amor. Mais tarde, passou a ser pago também por sua coluna no jornal e a receber o pagamento dos direitos autorais de alguns de seus livros, porém nunca mais — desde que o sistema foi implantado, em janeiro de 1952 — ele ou sua equipe aceitaram quaisquer honorários por seu trabalho em alguma cruzada.

O segundo problema potencial era a "imoralidade". Homens cheios de energia e na flor da idade — muitas vezes viajando sem a família, estimulados pela excitação de falar a multidões imensas e receptivas, e dormindo em hotéis desconhecidos ou motéis de beira de estrada —, eles conheciam muito bem o poder e as possibilidades de tentação sexual. Além disso, todos tinham visto ministérios promissores fracassar por causa da potente mistura de desejo e oportunidade. Pediram a Deus "para nos guardar, para nos manter fiéis, para realmente nos ajudar a ter discernimento nessa área, para nos livrar até mesmo de qualquer aparência do mal", e começaram a seguir princípios simples, mas eficazes. Por exemplo, evitavam situações em que pudessem ficar sozinhos com uma mulher — um almoço, uma sessão de aconselhamento, até mesmo uma carona para um auditório ou aeroporto. Quando viajavam, hospedavam-se em quartos próximos uns dos outros, como medida extra de controle social. Como sempre, pediram a ajuda sobrenatural de Deus para permanecer "puros".

Dois outros problemas listados — menos ameaçadores que o dinheiro e o sexo, mas ainda capazes de gerar descrédito a qualquer evangelista — foram o exagero publicitário e as críticas de pastores locais. Como isso os ajudava a conseguir convites para pregar em igrejas e cidades maiores e, assim, inflar seu ego e engordar suas contas bancárias, alguns evangelistas costumavam exagerar no número de pessoas presentes e nos resultados de suas campanhas, tanto na publicidade prévia quanto nos relatórios apresentados em publicações evangélicas. Eles eram acusados de contar braços e pernas, em vez de cabeças, e a expressão irônica "evangelisticamente falando" significava que qualquer pessoa interessada em precisão deveria esquecer o que os evangelistas itinerantes diziam a respeito de suas próprias realizações.

D. L. Moody não fazia estatísticas para não ser levado a exagerar ou a se vangloriar. Billy Graham e sua equipe estavam muito inseridos no *ethos* moderno para adotarem o mesmo procedimento, mas passaram a adotar um método coerente. Em vez de gerarem suas próprias contagens, geralmente usavam as estimativas de público feitas pela polícia ou pelos bombeiros ou pela administração dos locais onde as campanhas eram realizadas, mesmo quando sentiam que a estimativa oficial estava muito abaixo do número real. Além disso, admitiam que muitos dos que se deslocavam pelos corredores em direção ao púlpito na hora do apelo não eram pessoas que tinham tomado a decisão por Cristo, mas conselheiros designados para ajudar essas pessoas.

Quanto às críticas dos pastores, Billy Graham tinha ouvido muitos evangelistas inflamados atacar os ministérios locais para chamarem a atenção e se sobressaírem, deixando os pobres pastores sem saber o que fazer para recuperar a confiança de suas ovelhas. Graham queria evitar essa atitude destrutiva a todo custo. Tinha o maior prazer de encontrar os pastores que o criticavam, mas jamais criticava publicamente homens que plantaram a semente e cultivaram os campos onde ele estava fazendo a colheita.

Além desses problemas mais importantes, a equipe de Graham também se comprometeu a evitar o sensacionalismo, o apelo excessivo às emoções, o anti-intelectualismo, a ênfase exagerada na profecia bíblica e em outros tópicos controversos, assim como a falta de um acompanhamento adequado dos novos convertidos. Provavelmente, havia outros itens; ninguém guardou cópia da lista, mas os problemas eram tão conhecidos que nem havia necessidade de registro.

A eficácia do manifesto

Ao longo dos anos, Graham e outros membros de sua equipe falaram algumas vezes sobre o Manifesto de Modesto, geralmente respondendo a jornalistas que perguntavam como ele e sua organização tinham conseguido evitar escândalos durante décadas de ministério. Esse fato chamou bastante atenção, principalmente no final da década de 1980, quando escândalos sexuais e financeiros destruíram os ministérios de Jim e Tammy Faye Bakker, de Jimmy Swaggart e de Oral Roberts, que caiu no ridículo quando disse que Deus havia ameaçado acabar com a vida dele se seus seguidores não pagassem 8 milhões de dólares de resgate.

Por coincidência, na época em que o escândalo de Bakker veio à tona, eu estava passando uns dias com Graham, fazendo pesquisas para sua biografia, à qual dei o título de *A Prophet with Honor* [Um profeta com honra]. Os repórteres das cadeias de rádio e televisão e dos principais jornais telefonavam insistentemente querendo que ele comentasse o assunto, mas Billy relutava em falar com a imprensa. "Se eu disser que eles deveriam ter feito o que nós fizemos para nos proteger — explicou —, vai parecer que estou querendo ser mais santo que os outros, e não quero isso". Mas ficou claro que ele estava feliz por ter tido a prudência de se resguardar contra algo do gênero.

A fidelidade de Graham aos princípios financeiros do manifesto foi provada em 1977, quando o jornal *Charlotte Observer*, numa longa matéria sobre as finanças da Associação Evangelística Billy Graham, disse que a organização, embora afirmasse a total transparência de suas finanças, escondia a existência de um fundo no valor de 23 milhões de dólares, talvez temendo que essa revelação prejudicasse as doações de contribuintes. Na verdade, a criação daquele fundo, em 1972, havia sido anunciada numa entrevista coletiva, e grandes meios de comunicação tinham veiculado a notícia durante o primeiro ou os dois primeiros anos de sua existência. Os objetivos do fundo, conforme explicado na época, eram dar suporte financeiro a várias organizações evangelísticas, como a Cruzada Universitária, criar um instituto de evangelismo em Wheaton e montar um centro de treinamento de leigos próximo a Asherville.

Todos os saques do fundo tinham sido devidamente documentados e informados à Receita Federal americana. Legalmente, o fundo era separado da Associação Evangelística Billy Graham e foi incorporado no Texas, mas seus ativos vinham da AEBG e seu conselho administrativo era basicamente o mesmo da AEBG.

Quando a verdadeira história e os fatos foram apresentados, a nuvem de dúvida que pairava sobre a organização se dissipou, mas a publicidade negativa e a queda temporária nas contribuições abalaram Billy Graham. Anos mais tarde, ele me confidenciou: "Deveríamos ter dito à imprensa: 'Temos outro fundo no Texas que pretendemos usar para fazer tais e tais coisas'. Nós explicamos ao governo, mas na época não achamos que a imprensa precisava ser informada sobre tudo o que fazíamos. Hoje, já não penso assim. Acho que a imprensa tem o direito de saber, porque devemos explicações sobre todos os nossos atos". A lição aprendida com aquele episódio não serviu apenas para o passado. Depois de constatar mais uma vez a importância de estabelecer mecanismos externos para assegurar a própria virtude, Graham tornou-se um zeloso defensor da total transparência nas organizações paraeclesiásticas, e, em 1979, esse princípio foi fundamental na criação do Conselho Evangélico de Responsabilidade Financeira. Em 1983, ele escreveu: "Se você dá uma oferta a qualquer instituição cristã (incluindo a Associação Evangélica Billy Graham), e não faz questão de um relatório financeiro claro que mostre sua doação, está correndo um grande risco de ser vítima de alguma desonestidade".

Apesar da importância da probidade financeira para a boa reputação de um ministério, a maioria das pessoas que conhecem o Manifesto de Modesto, principalmente os jornalistas que o levaram a público, provavelmente se lembra dele por causa das medidas que Billy Graham e seus colaboradores tomaram para evitar envolvimentos sexuais ilícitos. Pessoas que estudam os líderes carismáticos já observaram que esses homens tendem a provocar em seus seguidores uma variedade de sentimentos, em grande parte de natureza sexual. Liderar um movimento requer imensa energia, e as fronteiras entre energia política, espiritual e sexual não são bem definidas na psique humana. Não deveria ser surpresa para ninguém o fato de que líderes dinâmicos, até mesmo os líderes religiosos, sentem e despertam forte excitação sexual.

O jornalista e biógrafo Marshall Frady comparou Graham a Billy Budd, um homem que tinha "exatamente essa mesma bondade natural quase infantil" e possuindo "uma paixão surpreendente por tudo que é puro, limpo, íntegro, reto". A alusão ao clássico Inocente Americano de Melville é natural e nem um pouco absurda, mas falha num ponto crucial, e esse ponto é teológico. Billy Budd era naturalmente bom e incapaz de acreditar que os outros não compartilhavam de sua ingenuidade intrínseca. Billy Graham não tinha essas ilusões. Ele realmente parecia ter "paixão por tudo o que é puro", mas nunca se iludiu que ele, ou qualquer outra pessoa, estivesse blindado contra a corrupção. E esse era o segredo de sua capacidade de evitar o escândalo público. Ninguém que ouvisse Billy Graham pregando contra a entrega aos prazeres da carne imaginaria que ele se baseava apenas em dados de pesquisas. Do mesmo modo que teve a sabedoria de deixar outras pessoas encarregadas da bolsa, ele entendia claramente que a melhor estratégia para evitar a tentação sexual era ficar fora de seu caminho.

Um compromisso com a integridade

Acredito que a maioria de nós sabe de casos em que a aplicação estrita das regras do Manifesto de Modesto teria livrado pessoas conhecidas de problemas graves, mas não seria razoável supor que elas se apliquem universalmente. Entretanto, é possível firmar um compromisso e pedir a Deus força para que nos mantenhamos fiéis ao princípio fundamental que rege cada item do manifesto: a integridade. Algo que ajuda muito é cultivar a atitude que levou Billy Graham a formular as perguntas que culminaram na criação do manifesto: a humildade. As circunstâncias mudam, e medidas adequadas para uma época ou situação talvez precisem ser adaptadas a contextos diferentes. Contudo, pessoas íntegras e suficientemente humildes para reconhecer sua própria falibilidade encontrarão no Manifesto de Modesto uma atitude e abordagem que lhes serão úteis em qualquer situação. Integridade e humildade podem ser levadas a qualquer área da vida e nunca saem de moda.

29

CRESCENDO COMO UMA "GRAHAM"

Ruth Graham

A terceira filha de Billy Graham fala sobre seu relacionamento com o pai famoso.

Todo mundo sempre me pergunta: "Como foi sua infância, sendo você filha de Billy Graham?". Bem, aqui está a minha resposta.

Enquanto eu crescia, não convivi muito com o meu pai. Mas guardei todas as cartas, todos os bilhetes, todos os recortes. Carrego até a assinatura dele na carteira. Revendo tudo isso agora, encontro cartas cheias de amor e conselhos. Ele podia estar na África, mas me escrevia quatro páginas — quatro longas páginas — à mão, só para me dar conselhos e me encorajar.

Um dos princípios que ele me ensinou foi a dependência de Deus. Quando iniciei o meu próprio ministério [Ruth Graham & Amigos], perguntei ao meu pai:

— Papai, você alguma vez se sentiu intimidado ou achou que não estava à altura do trabalho?

E ele respondeu:

— Ah, sim; isso acontecia o tempo todo.

— E como é que você se preparava? — perguntei.

— Eu orava — respondeu ele.

Na manhã seguinte, perguntei:

— Papai, qual era a sua oração? — Eu queria que ele me desse uma fórmula.

Ele, então, respondeu:

— Eu me sentava na cadeira de balanço, lá na cabana da montanha, e orava de hora em hora: "Senhor, ajuda-me" e "Espírito Santo, vem me encher". Simples assim. Qualquer um pode fazer isso.

Depois do fracasso do meu segundo casamento, tive de voltar para a casa dos meus pais. Eles tinham me avisado: "Não faça isso!". O meu pai chegou a telefonar de Tóquio só para me dizer para ir com calma, mas eu era teimosa e me casei assim mesmo. Não demorou muito para eu perceber que havia cometido um erro terrível. E tive de fugir. Enfiei o máximo de coisas que pude dentro do carro e fui embora para casa. Foram dois dias de viagem. As perguntas fervilhavam na minha cabeça. O que os meus pais iriam dizer? "Você fez a cama, agora tem de se deitar."; "Já não aguentamos mais você." Eles me aceitariam de volta, ou me rejeitariam? A culpa e a vergonha aumentavam a cada quilômetro que eu percorria. Ao fazer a última curva na estradinha que levava à casa deles, vi o meu pai em pé me esperando. Quando saí do carro, ele me abraçou e disse: "Bem-vinda ao lar". Isso é graça.

Pouco antes da morte da minha mãe, ela, o meu pai e eu estávamos sentados na sala de jantar conversando sobre como eu deveria agir com uma das minhas filhas, que me deixava de cabelos brancos. O meu pai não dizia nada, e achei que ele nem estava prestando atenção na conversa. A minha mãe me dava conselhos. Quando se levantou para sair, ele me chamou e disse: "Ruth, ela está tentando acertar. Ela precisa do seu apoio". Graça.

As brasas me esquentam muito mais que o fogo. O meu pai amoleceu com o passar dos anos. Sua brandura e gentileza afloraram. Ele era tão carinhoso! Calvin Thielman, que foi o nosso pastor em Montreat durante anos, disse: "À medida que envelhecemos, ficamos cada vez mais parecidos com quem realmente somos". O meu pai se tornou esse homem gentil, afetuoso, atencioso e cheio de graça.

30

UMA AMIZADE IMPROVÁVEL

Tony Carnes

Billy Graham e o cantor Johnny Cash eram amigos íntimos, confidentes e companheiros de pescaria. Suas esposas, Ruth Bell e June Carter, eram parceiras de oração. Os dois podiam ficar sentados durante horas, na mesma sala, sem dizer uma palavra — Billy escrevendo um livro e Johnny compondo uma de suas canções. De vez em quando, Johnny interrompia para tocar um trecho da música que estava escrevendo e perguntava a Billy o que ele achava, ou propunha alguma questão sobre a Bíblia. Na hora das refeições, as famílias se reuniam para orar, cantar e comer. Geralmente, a conversa logo evoluía para assuntos como família, amigos, problemas e desafios. Johnny sempre tinha uma lista de amigos com quem queria que Billy entrasse em contato, enquanto Billy se aconselhava com Johnny e pedia que ele orasse por sua família.

A amizade entre Billy e Johnny começou porque Billy queria aproximar-se de seu filho, Franklin, e de seus amigos adolescentes. Franklin diz que, desde criança, "adorava a música de Johnny Cash". Ele lembra ainda que, em 1969, Billy telefonou para o governador do Tennessee para pedir que ele o ajudasse a conseguir um encontro com Cash. Billy estava vendo seu filho se envolver cada vez mais com fumo, bebidas, drogas e garotas. Franklin vivia mudando de escola, muitas vezes por causa de sucessivas expulsões. Em sua autobiografia, *Billy Graham: o evangelista do século*, Billy explicou que Franklin achava que estava conseguindo esconder tudo isso do pai — "mas não estava", escreveu Billy.

Pai e filho concordaram mais tarde que Billy havia procurado Cash com o objetivo de se aproximar de Franklin. "A minha canção favorita era *Ring of Fire* [Anel de fogo]", diz Franklin. "Papai queria aproximar-se de mim aproximando-se de Johnny Cash." O velho Graham enquadrou a questão em termos mais globais quando visitou o cantor em sua casa, nos arredores de Nashville.

Cash disse à revista *Country Music* que estava curioso para saber o que Graham queria com ele. Fazia pouco tempo que Cash largara as drogas, passara a frequentar a igreja e casara com June. "Jantamos e depois ficamos conversando por um longo tempo. Eu continuava esperando ele me dizer por que razão tinha vindo me ver." Graham disse que só queria conversar sobre música, um assunto que deve ter causado surpresa em seus amigos, por ser ele um evangelista.

Então, de modo ainda meio velado, Graham tocou no verdadeiro motivo de sua visita: "Ele disse que os meninos não estavam indo à igreja, que estavam perdendo o interesse pela religião; achava que a música tinha muito que ver com isso, porque eles não gostavam de nada do que ouviam na igreja", recordou Cash. Graham reconheceu que a música da igreja parecia anacrônica. Em suas próprias cruzadas, o que eles mais tocavam eram os hinos antigos. "A coisa mais moderna que os jovens ouvem na igreja é *Brilho celeste* e *Quão grande és tu*", disse o evangelista.

Naquele momento, Graham parecia já ter percebido que Cash era um homem que gostava de desafios e mantinha sua própria direção espiritual fazendo que seus amigos estivessem sempre em torno dele, ajudando-o a continuar no rumo por entre os percalços do caminho. Cash lembrou-se de como Graham despertou seu interesse: "Ele me desafiou a desafiar outras pessoas, a tentar usar qualquer talento que eu porventura tivesse para escrever algo inspirador". Segundo Steve Turner, um jornalista cristão que começou a ajudar Cash a escrever uma autobiografia pouco antes da morte do cantor, em 2003, Cash foi conquistado por aquele pastor que, embora tão carismático quanto ele, era humilde e serenamente confiante em Deus.

Cash tinha encontrado um amigo, um confidente e uma inspiração — um garoto do Sul, como ele, mas alguém que havia traçado seu caminho reto. "Bem, a primeira coisa que aconteceu", contou Cash, "é que naquela noite, depois que Graham foi embora, escrevi *What Is Truth?* [O que é a verdade?]. O simples fato de ele ter vindo a minha casa me inspirou a escrever aquela canção, se é que podemos chamar isso de inspiração". Cash, então, conversou com June sobre a ideia de produzir um filme sobre Jesus, em Israel. O cantor ainda apareceu numa cruzada em Knoxville, Tennessee, em 1970, a primeira de suas 30 participações em cruzadas.

Juntos pelo evangelho

O evangelista ficou intrigado com a honestidade de Cash ao falar sobre seus problemas e sua fé, e como essa honestidade tinha ligação com a multidão de pessoas que não frequentava nenhuma igreja. Graham convidou Cash para a cruzada que faria em Knoxville, Tennessee, em 24 de maio de 1970, o que provocou certa apreensão em sua equipe. "Houve certo alvoroço na equipe de organização", recorda Franklin. "Foi como se ele tivesse convidado Elvis Presley!"

Billy disse à equipe que Johnny era o tipo de pessoa que ele queria alcançar. Para Franklin, a ideia do pai era ministrar a Johnny e, ao mesmo tempo, alcançar outras pessoas: "Papai sabia o tipo de público que Johnny atrairia. Ao mesmo tempo, Johnny e June foram à cruzada sabendo que iriam ouvir o evangelho". O diretor musical de Graham, Cliff Barrows, disse que sabia que Cash estava acrescentando uma nova dimensão às cruzadas: "Todos os caras que dirigiam caminhonetes e faziam parte da massa de 'peões' iriam assistir. Poderíamos contar sempre com uma porcentagem maior de não convertidos que precisavam do Senhor".

Na cruzada de Knoxville, Graham e Cash se juntaram para tomar parte na Revolução de Jesus do início da década de 1970. Graham pregou sobre o Jesus que podia revolucionar a vida de uma pessoa, enquanto Cash deu testemunho do poder de Jesus para livrá-lo das drogas que, como ele disse, "não valem a pena". Cash estava entrando numa fase de aprofundamento espiritual. Até aquele ponto, Jesus era seu salva-vidas — agora ele começava a ver Jesus como alguém que poderia torná-lo mais maduro. Ele definia essa mudança como a passagem da carreira para o ministério. "Vivi para o Diabo até agora, mas daqui por diante viverei para o Senhor", dizia ele nas igrejas. Embora Cash tenha estabelecido parcerias com diversos ministérios e fosse pastoreado por Jimmy Lee, de Nashville, seu relacionamento pessoal com Graham continuou a evoluir.

Num dos episódios lendários de Nashville, Graham teve uma participação especial numa das canções de Johnny, "*O Pregador disse: 'E disse Jesus'* ". Cash foi inspirado por Graham e sua esposa a filmar a vida de Cristo, em Israel. *The Gospel Road* [O caminho do evangelho] foi comprado pela Associação Evangelística Billy Graham em 1972 e usado com muito sucesso em campanhas de evangelização.

Em 1972, Graham e Bill Bright, da Cruzada Universitária para Cristo, realizaram sua monumental conferência evangelística da Revolução de Jesus, a Explo '72, em Dallas, no Texas. Com um público de 150 mil pessoas, Graham pregou no que ele chamou de "um Woodstock religioso", tendo Cash e um de seus amigos, Kris Kristofferson, como artistas principais. Cash cantou *I've Seen Men Like Trees Walking* [Vejo homens como árvores caminhando], *A Thing Called Love* [Uma coisa chamada amor] e *Supper Time* [Tempo de cear]. Graham e Cash se aproximaram cada vez mais, embora Cash ainda sofresse recaídas esporádicas provocadas por seu doloroso passado de depravação e desespero. O evangelista de cabelos dourados e o homem de preto pareciam ser os dois amigos mais improváveis.

Um companheiro fiel e constante

Graham e Cash se identificavam em muitos aspectos culturais, pelo fato de suas raízes estarem no rude sul rural dos Estados Unidos. Eles cresceram entre igrejas batistas e celeiros. Churrasco na grelha, bolo de milho, carne de porco e feijão os deixavam com água na boca.

Num nível mais profundo, porém, suas histórias de vida não poderiam ser mais diferentes: "Johnny tinha andado por caminhos de perdição, enquanto Billy nunca passara por essa fase. Billy escolheu a estrada reta e estreita", comenta Turner.

Mesmo depois de seu retorno à fé em 1967, a vida de Cash foi acidentada, cheia do que ele chamava de "burrices". E, quando voltava a usar anfetaminas, ele podia ficar fora de controle. Cash também estava desapontado com alguns ministérios nos quais havia procurado ajuda. Segundo Turner, ele sentia que "alguns o tinham abandonado, outros o exploravam".

Portanto, foram a lealdade e a integridade de Graham que atraíram Cash. Graham se mostrou fiel ao longo dos anos, tanto em seu relacionamento pessoal com Cash quanto em sua teologia. Graham não parecia mudar suas convicções teológicas facilmente. "Billy era como um farol firme e constante para Cash", diz Turner. "Billy continuou sempre tendo um caráter estável."

Quando Cash tinha suas recaídas, provavelmente não contava para Billy Graham, embora June possa muito bem ter desabafado com Ruth. As duas oravam juntas constantemente por seus maridos e filhos. Cash disse a Turner que, em 1977, ficava constrangido toda vez que Billy lhe perguntava sobre a biografia do apóstolo Paulo que estava escrevendo, porque naquela época ele estava chapado demais para escrever. Na década de 1980, os tabloides ficaram alvoroçados com rumores de que Cash estaria tendo um caso e que não tinha ido a duas cruzadas de Graham por estar completamente drogado. Cash negou o uso de drogas e disse que ninguém conseguiria separá-lo de June. Apesar disso, entrou num programa de reabilitação.

Ainda que Graham soubesse de todos os detalhes das "besteiras" de Cash, o fato é que ele continuou sendo um amigo afetuoso e leal, em qualquer circunstância. "Papai não deixou de ser amigo dele, e ponto final", diz Franklin. A fé pessoal de Cash não mudou, mas sua intimidade com Deus, sim. "Johnny nunca teve problemas com a fé, mas teve problemas com a vida", comenta Franklin. Billy continuou a convidá-lo para suas cruzadas, e depois que Cash se livrou das drogas incentivou-o a terminar seu livro sobre Paulo, *Man in White* [O homem de branco], que ele publicou em 1986.

Quando Cash e Graham estavam juntos, eram como dois irmãos colhendo algodão — um de pé, bem firme, tirando o algodão do fruto, e o outro se abaixando de vez em quando para cortar. Franklin diz que foi essa sensibilidade sulista que os aproximou, depois de estabelecido um alicerce comum em Cristo. "Johnny nunca perdeu seu amor pela vida rural, e o meu pai também não. A comida que eles apreciavam, as coisas de que gostavam", revela Franklin. Johnny adorava levar os Grahams para sua cabana de pesca em Port Richey, no rio Pithlachascotee, e para sua casa de estilo antigo em Montego Bay, na Jamaica. Na primavera de 1976, depois de fazer um café tão forte que ninguém conseguia beber, Cash saiu para pescar com Graham. Eles foram para o Campo de Pesca de Des Little, pegaram uns camarões, pequenos peixes e lulas para servir de isca, e passaram o dia pescando, falando sobre passagens bíblicas e ouvindo canções.

Essas viagens eram um pouco rústicas para as mulheres. Ruth sempre ficava aliviada de poder voltar para o hotel na Jamaica, depois de passar um tempo na cabana de Cash, caindo aos pedaços, cheia daqueles bichinhos nojentos e de tábuas soltas. Mas, onde quer que estivessem, os Cashs e os Grahams eram como uma família.

Já na velhice, os casais se falavam pelo menos dia sim, dia não, às vezes diariamente. Graham era meio hipocondríaco e pegava o telefone para manter Cash a par das mazelas que tinha ou poderia ter. Cash ouvia uma por uma, pacientemente, e no final eles riam e oravam um pelo outro. Quando Ruth adoeceu de uma doença gravíssima e potencialmente mortal, June passou seis horas orando à sua cabeceira. Os telefonemas de Cash para Billy Graham eram muitas vezes recheados de perguntas sobre a Bíblia, algumas tão difíceis que o evangelista apenas aconselhava Johnny a perguntar a Deus quando chegasse ao céu.

Após terem comemorado seu primeiro Natal juntos, em 1974, Graham escreveu um bilhete para Johnny que resume os muitos aspectos de seu relacionamento: "Quando Ruth e eu fomos embora, tínhamos lágrimas nos olhos [...]. Passamos a amar vocês como poucas pessoas que conhecemos. Os momentos divertidos que passamos juntos, a comida deliciosa, a conversa interessante, as noites de luar, as reuniões de oração, a música que ouvimos etc. 'Mateus 24 está batendo à porta' não sai da minha cabeça. Tenho a sensação de que será um grande sucesso". Com certeza, o grande sucesso foi a amizade deles em Cristo.

31

O EVANGELISTA DO NOSSO TEMPO

Editores da Christianity Today

A história registrará Billy Graham como o maior missionário evangelista do mundo. Ninguém pregou o evangelho face a face a tantas pessoas — mais de 200 milhões. Ninguém levou tantas pessoas a tomarem decisões explicitamente espirituais, geralmente aceitando Jesus Cristo como Senhor e Salvador — mais de 2 milhões. E ninguém foi a tantos países para pregar o evangelho — mais de 65.

Como isso aconteceu? Como um tímido garoto do interior, criado nos vales da Carolina do Norte, conseguiu arrastar multidões e se apresentar diante de reis?

Segundo algumas teorias, no fundo, Billy Graham era um tremendo oportunista. Num momento crucial, em Los Angeles, no início de seu ministério, o magnata da mídia William Randolph Hearst ordenou que sua cadeia de jornais "promovesse Graham". A mídia tomou conta e criou Billy Graham, sua carreira evangelística e seu sucesso mundial — é o que reza a lenda.

A resposta de Graham a esse enigma, no entanto, era "a mão de Deus". O Espírito de Deus caiu sobre aquele indivíduo por quem ninguém dava nada, e o chamou para ser um evangelista. E quem pode dizer que o evangelista estava errado? Desde o início, o único propósito de Graham era levar a mensagem do evangelho a todo o mundo — todas as pessoas, em todas as partes, usando todos os meios — de modo que alguns pudessem ser salvos da culpa e do peso de seus pecados, e outros fossem despertados e fortalecidos para viver uma vida obediente e frutífera para a glória de Deus. Desse alvo ele jamais se desviou.

Sem dúvida, em sua primeira campanha, a pesada mão de William Randolph Hearst proporcionou-lhe uma visibilidade muito bem-vinda, que o auxiliou em seus esforços para alcançar uma audiência mais ampla. No entanto, mesmo uma análise superficial do ministério de Graham antes daquela cruzada em Los Angeles (1949) mostra o surgimento de um jovem evangelista excepcionalmente promissor. Sem Hearst, sua aceitação nacional e mundial poderia ter sido mais lenta, porém o chamado especial de Deus para Billy Graham era evidente desde o início de seu ministério público.

Respondendo às críticas

Nunca faltaram críticas a Graham, tanto com relação a suas mensagens quanto a seus métodos. Elas vinham da direita e da esquerda. Alguns o acusavam do pior tipo de oportunismo: distorcer o evangelho bíblico para se ajustar ao que as pessoas queriam ouvir. Diziam que ele ensinava um evangelho da "salvação fácil": basta tomar uma decisão por Cristo, e você será salvo. Outros já achavam o contrário, e o acusavam de legalismo: venha à frente, vire a página e passe a viver uma vida separada do mundo.

Ainda mais veemente era a acusação dos liberais e de alguns evangélicos de que ele ignorava as implicações sociais do evangelho. Mas a verdade é que, desde o início de seu ministério, sempre enfatizou a santidade de vida e o dever que o crente regenerado tem de servir à humanidade. O único traço de verdade nessa acusação era o fato de que Graham dava menos ênfase à ação política — a construção de uma sociedade melhor através da promulgação de leis — que à conduta social correta. A responsabilidade que o cristão tem de mudar a sociedade por meio da ação legislativa estava sempre presente, mas ele insistia em que nunca produziremos uma sociedade perfeita aprovando leis (por mais necessárias que elas sejam). O mais importante é mudar as pessoas para que elas desejem estruturar a sociedade de uma forma justa e viver buscando o bem do próximo.

Particularmente no início de suas cruzadas, muitos fundamentalistas e alguns evangélicos se opuseram à participação de igrejas liberais em suas campanhas. Além disso, ele jamais questionou as doutrinas características dos católicos romanos; para seus críticos, isso era ignorar a Reforma.

É verdade que Graham raramente confrontava as ideias liberais ou atacava os dogmas católicos. Não que ele achasse que essas doutrinas não eram importantes, mas, para ele, eram secundárias. Seu chamado era para pregar o evangelho e a graça imerecida de Cristo, recebida única e exclusivamente pela fé. Graham acreditava que o bom fruto de sua pregação era uma confirmação mais que suficiente de que seu método de apresentar a verdade de forma positiva estava correto. Inúmeros liberais desiludidos e espiritualmente famintos encontraram vida no Salvador em suas cruzadas. E os católicos romanos geralmente constituíam o maior grupo denominacional presente nas grandes cruzadas urbanas que ele realizou posteriormente.

Quanto à sua metodologia, a maioria das críticas era dirigida ao apelo psicológico de suas mensagens sobre os ouvintes, através de cânticos, testemunhos impactantes de convertidos em cruzadas anteriores, apelo emocional da mensagem e pressão para ir à frente e tomar uma "decisão por Cristo". No entanto, o que mais chamava a atenção das pessoas que realmente assistiam a suas cruzadas e ouviam seus "convites" era justamente o fato de que ele não usava táticas emocionais. Especialmente nos últimos anos, sua voz era calma, as palavras eram simples e o apelo, racional. A maioria dos que criticavam seus métodos acreditava realmente que não há lugar para um apelo à vontade baseado em emoções, esquecendo-se de que as emoções são parte essencial do ser humano.

Praticamente não houve objeções à administração financeira das cruzadas ou dúvidas quanto à integridade financeira dos comitês de cruzadas, principalmente da equipe Graham. A organização Graham mantinha relatórios precisos e detalhados que podiam ser consultados por qualquer pessoa que fizesse doações. Os comitês encarregados das cruzadas que envolviam cidades inteiras tinham de publicar nos jornais locais um relatório da auditoria de suas contas. E ninguém jamais questionou seriamente a integridade financeira de Graham ou dos que trabalhavam com ele.

Algumas pessoas, entre elas vários evangélicos, questionaram a realização de campanhas de âmbito municipal e o uso da TV e do rádio para comunicar o evangelho. Será que esses eventos dominados pelos modernos meios de comunicação não eram impessoais e caros demais, representando, assim, um mau uso dos recursos do Reino?

Entretanto, numa sociedade cada vez mais secular, o evangelismo de massas poderia alcançar pessoas que jamais pisariam numa igreja. Quem pode avaliar quanto as "Escolas de Evangelismo" das cruzadas contribuíram para a edificação do Corpo de Cristo? Ou que bênçãos espirituais foram produzidas pelo programa *Hora da Decisão*, transmitido pelo rádio e pela TV? Os cristãos trabalham segundo o princípio de que devemos procurar ganhar os perdidos e fortalecer a igreja em toda parte, e em todo o tempo, e usando todos os meios possíveis.

Um sucessor?

Para Billy Graham, viver era pregar Cristo. Agora que ele foi levado para seu lar na glória, o que será do evangelismo de massas? Sem uma bola de cristal, não temos como responder a essa pergunta.

Quem será seu sucessor? Ninguém! Jonathan Edwards não teve sucessor; nem Whitefield, nem Wesley, nem Finney, nem Spurgeon, nem Moody, nem Billy Sunday, nem Walter Maier, nem Charles E. Fuller.

Billy Graham foi um evangelista. Em alguns aspectos, foi "o evangelista". Com certeza, foi o evangelista do nosso tempo. Deus o levantou. E, agora que ele se foi, cabe a Deus levantar outro evangelista para um novo tempo.